V&R

Leben.Lieben.Arbeiten **SYSTEMISCH BERATEN**

Herausgegeben von
Jochen Schweitzer und
Arist von Schlippe

Marc Weinhardt

Kompetenzorientiert systemisch beraten lernen

Gebrauchsanweisung für die
eigene Professionalisierung

Vandenhoeck & Ruprecht

Mit 3 Abbildungen und einer Tabelle

Bibliografische Information der Deutschen Nationalbibliothek

Die Deutsche Nationalbibliothek verzeichnet diese Publikation in der Deutschen Nationalbibliografie; detaillierte bibliografische Daten sind im Internet über http://dnb.d-nb.de abrufbar.

ISBN 978-3-525-45290-5

Weitere Ausgaben und Online-Angebote sind erhältlich unter: www.vandenhoeck-ruprecht-verlage.com

Umschlagabbildung: Gts/shutterstock.com

© 2018, Vandenhoeck & Ruprecht GmbH & Co. KG,
Theaterstraße 13, D-37073 Göttingen
www.vandenhoeck-ruprecht-verlage.com
Alle Rechte vorbehalten. Das Werk und seine Teile sind urheberrechtlich geschützt. Jede Verwertung in anderen als den gesetzlich zugelassenen Fällen bedarf der vorherigen schriftlichen Einwilligung des Verlages.
Printed in Germany.

Satz: SchwabScantechnik, Göttingen
Druck und Bindung: ⊕ Hubert & Co. GmbH & Co. KG BuchPartner, Robert-Bosch-Breite 6, D-37079 Göttingen

Gedruckt auf alterungsbeständigem Papier.

Inhalt

Zu dieser Buchreihe 7
Vorwort von Jochen Schweitzer 9

I Der Kontext
1 Einleitung 14
   ● Fallvignette 1: Lauras Fragenschwall 18
2 Wissen, was wirkt 23
   Verschiedene Schulen systemischer Beratung 24
   Systemische Professionalisierung als Prozess der
   Ko-Konstruktion 25
   Systemisches Wirkfaktorenmodell 25
   Beratung als Ko-Produktion:
   Vertrauen, Verständnis, Expertise 27
   Wirkfaktor Beziehung/Zugehörigkeit 32
   Wirkfaktor positive Erwartungen 36
   Wirkfaktor methodisches Handeln 37
   Wirkfaktor reflexive Kontextualisierung 40
   Lauras Reflexionen 41

II Die systemische Beratung
3 Wissen, wie systemische Fachlichkeit entsteht:
   Subjektorientierte Professionalisierung 46
   ● Fallvignette 2: Julians lose Fäden in der Mitte der
      Weiterbildung 46
   Ein Modell subjektorientierter Professionalisierung 49
   Individuelle Voraussetzungen 50
   Strukturelle Einflüsse 53
   Entwicklungserfordernisse und Lernaufgaben 55

4 Gezielt und mit Begeisterung Wissen bilden:
   Deliberate Practice 58
   Bestandteile von Deliberate Practice 59
   ● Fallvignette 3: Hat Franka schon alles erreicht? 60
   Motivation und Übergänge zwischen Kompetenzniveaus ... 62
   Phasen der Kompetenzentwicklung 63
   Mastery-Learning bzw. Cognitive Apprenticeship 65
   Selbstgesteuertes Lernen 66
   Video zur Fremdbeobachtung 67
5 Fazit 70

III Am Ende
6 Literatur 76
7 Der Autor 80

Zu dieser Buchreihe

Die Reihe »Leben. Lieben. Arbeiten: systemisch beraten« befasst sich mit Herausforderungen menschlicher Existenz und deren Bewältigung. In ihr geht es um Themen, an denen Menschen wachsen oder zerbrechen, zueinanderfinden oder sich entzweien und bei denen Menschen sich gegenseitig unterstützen oder einander das Leben schwer machen können. Manche dieser Herausforderungen (Leben.) haben mit unserer biologischen Existenz, unserem gelebten Leben zu tun, mit Geburt und Tod, Krankheit und Gesundheit, Schicksal und Lebensführung. Andere (Lieben.) haben mit unseren intimen Beziehungen zu tun, mit deren Anfang und deren Ende, mit Liebe und Hass, mit Fürsorge und Vernachlässigung, mit Bindung und Freiheit. Wiederum andere Herausforderungen (Arbeiten.) behandeln planvolle Tätigkeiten, zumeist in Organisationen, wo es um Erwerbsarbeit und ehrenamtliche Arbeit geht, um Struktur und Chaos, um Aufstieg und Abstieg, um Freud und Leid menschlicher Zusammenarbeit in ihren vielen Facetten.

Die Bände dieser Reihe beleuchten anschaulich und kompakt derartige ausgewählte Kontexte, in denen systemische Praxis hilfreich ist. Sie richten sich an Personen, die in ihrer Beratungstätigkeit mit jeweils spezifischen Herausforderungen konfrontiert sind, können aber auch für Betroffene hilfreich sein. Sie bieten Mittel zum Verständnis von Kontexten und geben Werkzeuge zu deren Bearbeitung an die Hand. Sie sind knapp, klar und gut verständlich geschrieben, allgemeine Überlegungen werden mit konkreten Fallbeispielen veranschaulicht und mögliche Wege »vom Problem zu Lösungen« werden skizziert. Auf unter 100 Buchseiten, mit etwas Glück an einem langen Abend oder einem kurzen Wochenende zu lesen, bieten sie zu dem jeweiligen lebensweltlichen Thema einen schnellen Überblick.

Die Buchreihe schließt an unsere Lehrbücher der systemischen Therapie und Beratung an. Unsere Bücher zum systemischen »Grundlagenwissen« (1996/2012) und zum »störungsspezifischen Wissen« (2006) fanden und finden weiterhin einen großen Leserkreis. Die aktuelle Reihe erkundet nun das »kontextspezifische Wissen« der systemischen Beratung. Es passt zu der unendlichen Vielfalt möglicher Kontexte, in denen sich »Leben. Lieben. Arbeiten« vollzieht, dass hier praxisbezogene kritische Analysen gesellschaftlicher Rahmenbedingungen ebenso willkommen sind wie Anregungen für individuelle und für kollektive Lösungswege. Um klinisch relevante Störungen, um systemische Theoriekonzepte und um spezifische beraterische Techniken geht es in diesen Bänden (nur) insoweit, als sie zum Verständnis und zur Bearbeitung der jeweiligen Herausforderungen bedeutsam sind.

Wir laden Sie als Leserin und Leser ein, uns bei diesen Exkursionen zu begleiten.

Jochen Schweitzer und Arist von Schlippe

Vorwort

Wie werde ich ein guter systemischer Berater oder Therapeut? Diese Frage habe ich mir in den Jahren ab 1979 selbst unzählige Male gestellt. Zum letzten Mal tat ich dies irgendwann im Jahr 1987, als ich mich dabei ertappte, dass ich in einer kniffligen Situation nicht mehr darüber nachdachte, was wohl Gunthard Weber oder Gianfranco Cecchin (meine damals wichtigsten Lehrmeister) zu dieser Situation sagen würden. Mein »Findungsprozess« als systemischer Therapeut mag demnach circa acht Jahre gedauert haben. Bis dahin hatte ich neben zwei Weiterbildungen und vielen Videos berühmter amerikanischer und italienischer Meister schon alles Mögliche erprobt. Ich war meiner damaligen Partnerin in eine Paartherapie gefolgt und hatte meine Herkunftsfamilie zu einem Familiengespräch überredet (Letzteres mit überraschend guten Ergebnissen). Ich hatte in Familiengesprächen mittels eines Merkzettels auf den Knien nachgeschaut, ob ich im Erstgespräch auch nichts Wichtiges vergessen hatte. Ich ging in Abschlusspausen vor Gesprächsende an mein Bücherregal und schaute in einem Heft der »Familiendynamik« nach, worauf bei anspruchsvollen paradoxen Interventionen zu achten ist. Ich hatte renommierten älteren Kollegen angeboten, ihnen in der Müdigkeitsphase spätnachmittäglicher Familiengespräche als hellwacher Co-Therapeut so lange die Gesprächsführung abzunehmen, bis ihre Lebensgeister wieder erwacht waren. Ich hatte meine Therapiesitzungen mit denen meiner Oberärztin synchronisiert und wir trafen uns je fünf Minuten vor den Abschlussinterventionen, um uns wechselseitig assoziative Stichworte für diese zu geben.

Warum erzähle ich das in einem Vorwort zu einem Buch über Kompetenzerwerb? Um aus meiner eigenen Anschauung zu illustrieren, dass therapeutisch-beraterischer Kompetenzerwerb nicht nur in Weiterbildungen und Lektüren, sondern zugleich auf vielen anderen, sehr informellen Wegen geschieht. Und dass der Weg bis zu einem stabilen persönlichen Kompetenzerleben Zeit braucht, meist über die Weiterbildung hinaus, und diese Zeit auch getrost haben darf. Und dass sich »Anfänger« möglichst rasch »ins kalte Wasser stürzen« sollten, aber idealerweise mit erfahreneren Schwimmbegleitern und genügend Rettungsringen.

Ich schätze das hier vorliegende Buch von Marc Weinhardt nicht allein deshalb, weil die ihm wichtigen Theoriebausteine – das »Systemische Wirkfaktorenmodell«, das »Modell subjektorientierter Professionalisierung« und die »Deliberate Practice« – meinen eigenen Lernerfahrungen so weitgehend passgenau entsprechen. Ich mag es auch nicht nur deshalb, weil wir darin mit »Laura, 23«, »Julian, 29« und »Franka, 33« an den Lernprozessen dreier sympathischer junger Menschen so anschaulich teilnehmen dürfen. Ich bin dem Autor auch dankbar, dass er aktuelle bildungswissenschaftliche Konzepte der Kompetenzentwicklung souverän nutzbar macht für eine zeitgemäße Didaktik systemischer Aus-, Weiter- und Fortbildung. »Nutzbar machen« meine ich dabei in einem doppelten Sinne. Zum einen als Begründung dafür, dass die meist sehr lebendige, erfahrungsorientierte, interaktive systemische Weiterbildungspraxis eine anspruchsvollere Professionalitätsentwicklung anbietet als viele instruktionsorientierte »Lernfabriken«. Zum anderen aber auch als kritisches Reflexionsangebot, ob und wie gut die Teilnehmerinnen und Teilnehmer systemischer Weiterbildungen tatsächlich

»abgeholt« und in ihren lebensphasenspezifischen Lernbedürfnissen unterstützt werden.

Jochen Schweitzer

Der Kontext

1 Einleitung

Liebe Leserinnen und Leser, dieses Buch enthält möglicherweise nicht das, was Sie aufgrund des Titels vermuten. Vielleicht sitzen Sie gerade in einer Buchhandlung, können vom Umtauschrecht beim Onlinekauf Gebrauch machen oder haben eine anderweitige Möglichkeit, das Buch wieder loszuwerden. Also, was wichtig ist, bevor Sie weiterlesen: Der vorliegende Text ist kein Lehrbuch im klassischen Sinne. Mit klassisch meine ich dabei ein Lehrbuch, in dem der Lernstoff – also das, was Sie sich aneignen wollen – systematisiert und dargestellt wird. Solche Lehrbücher liegen für systemische Beratung und Therapie in mehr als ausreichender Zahl und hoher Qualität vor (z. B. Levold u. Wirsching, 2014; von Schlippe u. Schweitzer, 2013; Schwing u. Fryszer, 2017).

Wenn der vorliegende Text also kein klassisches Lehrbuch ist, was ist er dann? Im Folgenden geht es darum, Ihnen die Wege darzustellen, wie Sie selbst eine kompetente, systemisch handelnde Fachkraft werden. Der etwas provokative Untertitel, Gebrauchsanweisung für die eigene Professionalisierung, klingt zunächst sehr vereinfachend – schließlich sind lernende Berater und Beraterinnen keine trivialen Systeme wie ein Fernsehgerät oder ein iPhone, sondern als lebende Systeme in ständiger Transformation: Wer lernt, bleibt natürlich weder in sich selbst gleich, verändert sich also über die Zeit, und ebenso unterscheiden sich Menschen in vielen Dingen sehr voneinander. Trotzdem ist der Begriff der Gebrauchsanweisung bei näherer

Betrachtung treffend. Es gibt zwar unendlich viele, im Detail unterschiedliche Lern- und Bildungswege hin zur systemischen Fachkraft. Dennoch ist das Beratungslernen an Voraussetzungen, Gelingensfaktoren und bestimmte Entwicklungsgesetze gebunden. Wie sich solche Voraussetzungen und Gelingensfaktoren herstellen lassen, damit sich systemische Fachlichkeit entwickeln kann – davon handelt dieses Buch. Es geht also um einen Prozess, der in der Sozialwissenschaft als Professionalisierung bezeichnet wird und den man noch genauer als subjektorientierte Professionalisierung bezeichnen könnte, weil Fachkräfte selbst darin mehrfach mit den je ganzen eigenen Aspekten ihrer Person und Biografie vorkommen.

Die Reihe, in der der vorliegende Text erscheint, ist fallbasiert – und somit ist auch klar, was im Folgenden der verhandelte Fall ist: Nämlich Ihr eigener Lern- und Bildungsprozess mit seiner je einzigartigen Ausgestaltung auf Basis allgemeiner Entwicklungsgesetze von Professionalisierung. Das eigene Lernen zum Fall machen – man könnte das als etwas sehr um die Ecke gedacht ansehen. Allerdings ist aus der Forschung zu den frühen Stadien des Beratungslernens bekannt (Bauer u. Weinhardt, 2014, 2015, 2016b; Weinhardt, 2013), dass Klientinnen und Klienten oft eine viel größere Intervention für die Beraterinnen und Berater darstellen als umgekehrt: Vieles ist eben in der Praxis anders als gedacht, angelesen oder anderweitig mitgeteilt. Das muss nicht schlecht sein und qualifiziert keinesfalls die oft bereits gelingenden Beratungsprozesse berufsbiografisch junger Beraterinnen und Berater ab. Im Gegenteil haben diese häufig eine spezifische Qualität in Form eines Pioniergeistes, der später durch zunehmende Routine und Expertise ersetzt wird. Trotzdem: Ohne gezieltes Lernen gibt es keinen Fortschritt, und in einem Arbeitsfeld wie der psychosozialen Beratung, in dem es um Hilfe für Menschen in mitunter existenziellen Notlagen geht, ist ein allzu freies Herumprobieren bezüglich des Beratenlernens wohl auch aus ethischen Gründen nicht indiziert. Mehrere Gründe sprechen also dafür, die Entwicklung der eigenen Beratungsfachlichkeit mit Bedacht anzugehen. Schließlich handelt es sich um eine etwa zehnjährige Reise in unbekannte Gefilde. Es wäre geradezu unsystemisch, die in dieser Reise enthaltenen frühen Etappen von vornherein als defizitär und lediglich lästig und schnell zu überwinden anzusehen – das Lernen aus Fehlern, der immer wieder notwendige, aktiv herzustellende Bezug zwischen Theorie, Erfahrung und Reflexion, kurz gesagt das lebenslange Lernen mit seinen auch anstrengenden Etappen kann nämlich ausgesprochene Freude bereiten – und wurde im Übrigen von allen Koryphäen, die so gerne in der systemischen Community zitiert werden, notwendigerweise selbst durchlaufen.

An dieser Stelle ergibt sich vielleicht ein weiterer Grund, das Buch rasch zurückzustellen: Es ist in der heutigen Zeit nämlich ein wenig unpopulär, angesichts der aktuellen Debatten um Lernen und Bildung darauf aufmerksam zu machen, dass die Sache meist länger dauert und aufwendiger ist als vermutet oder von Bildungsanbietern versprochen. Ein Studium oder eine zwei-, dreijährige Fort- und Weiterbildung kann nur der Anfang sein, und es gibt – nimmt man das systemische Denken und Handeln in seiner notwendigen Komplexität ernst – davon auch keine Light-Version. Ein Beikonsum systemischer Versatzstücke, der im derzeit herrschenden Kompetenzsimulations- und Zertifikatswahn lediglich aus oberflächlichen Gründen geschieht, ist nicht nur nutzlos, sondern bisweilen auch schädlich: So entsteht kein kohärentes Wissensgerüst bei angehenden Fachkräften, und aufseiten der Klientinnen und Klienten und Beratungsorganisationen verwässert die Sache zu einem unterkomplexen, platten systemischen Beratungsverständnis, das lediglich aus der Auffassung besteht, dass alles mit allem zusammenhängt und dabei irgendwie alles möglich ist.

Die Sache des Beratungslernens ist also ein komplexer Fall. Ich habe in diesem Text versucht, ihm mit einer angemessenen Mischung aus Theorie und Praxisbeispielen gerecht zu werden. Dabei habe ich vor allem in der Aufbereitung der wissenschaftlichen Erkenntnisse Vereinfachungen vorgenommen, die dem Format und Umfang der Reihe geschuldet sind – interessierte Leser und Leserinnen müssen zur Vertiefung sicherlich noch einmal nachlesen.

Hilfreich waren beim Verfassen des Textes die drei in der Buchreihe geforderten Fallvignetten. Alle diese Beispiele sind realen Lernsituationen unterschiedlich erfahrener Berater und Beraterinnen entnommen und stammen aus Forschungs-, Ausbildungs- und Supervisionskontexten. Sie sind aus Darstellungsgründen nicht ausführlich ausgeführt, sondern fokussieren einzelne Aspekte. Das ist vermutlich für einige beratungslehrbucherfahrene Leser und Leserinnen ungewöhnlich, denn im Fokus der vorgestellten Fälle stehen nicht Klienten und Klientinnen, spezifische beraterische Fragestellungen oder Interventionskonzepte, sondern die beratenden Fachkräfte in ihrer Funktion als Lerner und Lernerinnen systemischer Beratung. Ein solcher Perspektivwechsel ist nicht nur reizvoll, sondern durch das Buchthema geradezu geboten, wird aber an manchen Stellen irritierend bleiben.

Obwohl die Aspekte des gemeinsamen Tuns in Beratung und Therapie oft betont werden, und obwohl viele Ansätze versuchen, die Paradoxien im Zusammentreffen unterschiedlicher Wissensarten von Hilfesuchenden und Fachkräften irgendwie als Dialog auf Augenhöhe zu beschreiben, bleiben doch Aspekte, die uns als Fachkräfte betreffen, merkwürdig unterbelichtet: Beratungsfachkräfte scheinen meistens lieber über ihre Fälle denn über ihr eigenes Handeln und Vorankommen sprechen zu wollen. Dabei ist aus der Forschung zu Professionalisierung klar, dass in den ersten Phasen des Beratungslernens die Klienten und Klientinnen oft eine viel größere

Intervention für lernende Fachkräfte darstellen als umgekehrt. Dies ist vielleicht vor allem ein europäisches, möglicherweise auch ein deutsches Phänomen, weil in einer aktuellen Kultur der Leistungs- und Selbstoptimierung ein neugieriges Zugehen auf und Lernen aus eigenen und fremden Fehlern gar nicht stattfinden kann – obwohl es das probateste Mittel ist, aus Theorie und Praxis einen größtmöglichen Lernnutzen zu ziehen.

Besser als diese Kultur gefallen mir die Ansätze zu einer gezielten Ausbildungssupervision aus den USA, die dieser Tatsache bewusst Raum geben und Fälle für angehende Fachkräfte vor allem in frühen Phasen des Kompetenzerwerbes konsequent lediglich als Input für das Lernen der Berater und Beraterinnen nutzen. Eine solche umgedrehte Sicht auf professionelles Handeln mit der Fokussierung auf die (angehenden) Profis entlastet oft auf schwer beschreibbare Weise die Ratsuchenden viel besser. Einer der größten Fehler in frühen Stadien des Kompetenzerwerbes ist nämlich, dass Berater und Beraterinnen zu sehr objektivierend auf den Fall und die darin vorkommenden Personen und Strukturen achten. Diese versuchen sie mit einem zu großem Ausmaß an interventionistischem Vorgehen zu bearbeiten und vernachlässigen dabei den wichtigen Aspekt der prozesshaften Begegnung mit anderen und sich selbst (Welter-Enderlin u. Hildenbrand, 2004), der ja gerade das systemische Vorgehen besonders auszeichnet.

Fallvignette 1: Lauras Fragenschwall

Laura[1] ist 23 Jahre alt und befindet sich am Ende ihres Studiums der Sozialpädagogik im integrierten Anerkennungspraktikum. Durch viel Engagement und etwas Glück bei der Suche kann sie ihr Praktikum an einer klassischen Erziehungsberatungsstelle ableisten, denn

---

1 Die Namen in den Fallbeispielen wurden durchweg geändert.

Beratung war schon immer die Hilfeform in der Sozialen Arbeit, die sie am meisten interessiert hat. Dieses sich früh abzeichnende Studieninteresse hat sie versucht mit möglichst passenden Lehrveranstaltungen zu stillen und sich dabei innerhalb der Methodendiskussion um Beratung schnell für das systemische Denken begeistert. In mehreren Seminaren und durch das Selbststudium hat Laura sich mit systemtheoretischen Grundlagen und anwendungsbezogenen Interventionskonzepten befasst, wie sie heutzutage in den schon als klassisch geltenden und bereits benannten Lehrbüchern vermittelt werden. Zudem hat sie an einem Ausbildungsinstitut eine einjährige Weiterbildung in systemischer Beratung speziell für Studierende begonnen. Ihr hohes Engagement für das Beratungsthema hat ihre Praktikumsstelle schließlich dazu bewogen, ihr einen der begehrten Praktikumsplätze anzubieten.

Julia befindet sich in ihrem zweiten Praktikumsmonat, in dem sie nach einer vorgeschalteten Hospitationsphase bei verschiedenen Beratern und Beraterinnen der Beratungsstelle ihr erstes Erstgespräch ohne Hilfe von Kollegen und Kolleginnen führen soll. Angemeldet ist in der Jugendsprechstunde eine Jugendliche im Alter von 17 Jahren, die als Grund für ihren Beratungswunsch ständigen Ärger mit den Eltern genannt hat – mehr war aus den ergänzenden Angaben der Sekretärin der Beratungsstelle nicht in Erfahrung zu bringen. Laura beschließt, ihr Vorwissen aus Hochschule, Weiterbildung und Hospitationen möglichst gut für sich zu nutzen und das Erstgespräch darauf aufbauend perfekt zu planen. Zunächst stellt sie dazu Hypothesen auf, in denen sie spekuliert, wer was aus welchen Gründen von ihr wollen könnte (von Schlippe u. Schweitzer, 2013). Die knappe Informationslage aus den Anmeldeinformationen empfindet sie dabei als herausfordernd, folgt aber der ihr bekannten Prämisse von Salvador Minuchin, keine Beratung ohne Hypothesen zu beginnen. Auf einem Spickzettel vermerkt Laura zusätzlich, welche

Fragen sie stellen will und welchen Ablauf das Erstgespräch nehmen könnte. Dazu hat sie aus Studium und Weiterbildung bereits bekannte Texte noch einmal durchgearbeitet – darunter Veröffentlichungen, die formale und inhaltliche Aspekte systemischer Erstgespräche behandeln, aber auch solche speziell zur lösungsorientierten Beratung, für die de Shazer und Berg eine Landkarte über den Ablauf von (Erst-)Gesprächen veröffentlicht haben. Laura ist natürlich die Faustregel »The map is not the territory« (Die Karte ist nicht die Landschaft; Korzybski, 1933) bekannt und sie versucht zu berücksichtigen, dass die von ihr gefundenen Beschreibungen von Erstgesprächen (die Karten) sie nicht dazu verführen sollen, sie mit dem eigentlichen Gespräch (der Landschaft) zu verwechseln, denn wer blindlings Karten folgt, verpasst vielleicht die bedeutsamsten Eindrücke der Landschaft, die andererseits, ganz ohne Orientierung, zu komplex und Furcht einflößend erscheinen würde.

Schließlich ist es so weit: Mit einigen Minuten Verspätung ist die junge Frau an der Beratungsstelle eingetroffen und klopft an der Tür zu Lauras Beratungszimmer. Laura öffnet – und erschrickt zu Tode. Vor ihr steht eine Punkerin, die sich mit »Hi, ich bin Mike« vorstellt und stilecht mit durch viel Haarspray nach oben frisierten Haaren und schwarzen Lederklamotten gestylt ist. Darauf war Laura nicht im Mindesten eingestellt. Sie bittet die junge Frau herein und weiß dabei plötzlich noch nicht einmal mehr, ob sie ihr die Hand geben soll. Der von Laura durch einen abgelegten Notizblock reservierte Sitzplatz wird von Mike eingenommen, die den Block wegnimmt und zurück auf den kleinen Beistelltisch zwischen den beiden Korbstühlen legt. Laura nimmt schließlich auch Platz und ein eher unnatürliches Schweigen beginnt. Nur fragmentarisch kann sich Laura an ihre Pläne zur Gestaltung der Ankommenssituation und an Richtlinien zum Joining erinnern. So stellt sie sich zwar vor, vergisst aber den Zeitrahmen und die Schweigepflichtformalien zu erwähnen.

Ihre vorbereitete Frage zu den Modalitäten der Anrede – für Kinder und eher jugendliche Klienten und Klientinnen eine oft besonders wichtige Frage – stellt sie zwar, kann aber das von Mike gewünschte Du nicht durchhalten und wechselt zwischen den Anreden hin und her. In der späteren Reflexion wird klar, dass die Wechselpunkte nicht beliebig sind, sondern die Stellen im Gespräch markieren, die Laura als besonders verunsichernd erlebt hat. Aus Lauras Sicht nur mühsam kommt dann der von ihr vorbereitete Fragenkomplex voran – ihre Liste mit Fragen ist irgendwo im Notizblock verschwunden, und sie traut sich nicht, sie zu suchen – zumal ihr erst beim Herumraschen mit den Notizen klar wird, dass sie dieses Arbeitsmittel vergessen hat zu erwähnen. »Was schreibst du denn über mich auf?«, ist eine von Mike vorgebrachte Frage, die helfen könnte, das im Gespräch nachzuholen.

Schließlich nimmt das Gespräch doch noch Fahrt auf, und die junge Punkerin erzählt von nicht enden wollenden Konflikten mit ihren Eltern, einem wohl derzeit stark gefährdeten Bildungsweg auf dem Gymnasium und dem Wunsch, von zu Hause ausziehen zu können. Obwohl Laura zunächst froh ist, dass sich nach dem aus ihrer Sicht holprigen Anfang so etwas wie ein natürliches Gespräch entwickelt, fühlt sie sich auch in dieser Phase nicht wirklich wohl und selbstsicher. So bemerkt sie, dass ihre Fragen immer geschlossener werden und ihre Klientin einen zunehmend genervten Ton und Gesichtsausdruck annimmt, was – auch dies bemerkt Laura erst in der späteren Reflexion – vor allem daran liegt, dass Laura, ohne es zu wollen, zunehmend die Position von Eltern und den Lehrern und Lehrerinnen der Klientin vertritt. Deren Positionen bezüglich einer besser gelingenden Lebensführung entsprechen Lauras eigenem Erleben viel mehr als die Gedanken und Gefühle ihres Gegenübers. Diese Phase des Gespräches endet mit einer Sequenz aus Ratschlägen, die Laura verdeckt vorbringt, und deren hartnäckiger

Ablehnung durch die junge Punkerin. Wieder etwas mehr Sicherheit erlangt Laura bei der Verabschiedung, bei der sie Aspekte der zeitlichen Rahmung nachholt und auf die Möglichkeit von Folgegesprächen hinweist.

2 Wissen, was wirkt

War Lauras Gespräch systemisch? Wenn ja, wo und warum? Wenn nein, weshalb nicht? Ohne konkrete Vorstellungen von einem Ziel ist ein sinnvolles Lernen kaum möglich. In der systemischen Beratung ist das Problem, Lernziele genau zu bestimmen durch die prinzipielle Komplexität des Lerngegenstandes Beratung erschwert. Dazu kommt ein weiteres Faktum: Systemische Beratung hat nicht, wie die allermeisten anderen Beratungs- und Therapieverfahren (z. B. klientenzentrierte oder tiefenpsychologische Beratung und Therapie), ein einheitliches und widerspruchsfrei begründetes Wissenssystem. Vielmehr besteht die Gesamtheit systemischer Beratung aus je nach Zählweise bis zu 16 unterschiedlichen Schulen. Diese Vielfalt erklärt sich aus der Tatsache, dass systemische Ideen von ganz unterschiedlichen Personen und Teams an verschiedenen Orten und Zusammenhängen entwickelt worden sind. Diese unterschiedlichen Entwicklungslinien lassen sich nur grob dadurch rahmen, dass sie in einer Epoche entstanden sind, die in den Sozialwissenschaften als interaktionistische Wende der ausgehenden 1960er Jahre bezeichnet wird. Damit ist gemeint, dass man sich in dieser sehr aktiven Gründungsphase des systemischen Denkens in den Sozial- und Humanwissenschaften von allzu individualisierenden Zugängen abwandte und dass Aspekte zwischenmenschlicher und gemeinsam konstruierter Lebenswirklichkeit in den Vordergrund traten – ein Wechsel der Blickrichtung, der schon einige Dekaden vorher durch das Erstarken systemtheoretischen Denkens in den Natur- und Ingenieurswissenschaften vorbereitet wurde.

Das macht es an dieser Stelle so schwierig für Laura und alle anderen Lerner und Lernerinnen, in frühen Phasen des Kompetenzerwerbes herauszufinden, ob ein bestimmtes Gespräch, eine bestimmte Begegnung systemisch war oder nicht, und warum das gegebenenfalls so war. Mit der Frage nach dem systemisch Sein ist natürlich immer auch mitgemeint: hilfreich und wirksam. Um diese divergenten Ansätze zugänglich zu machen, hat es sich eingebürgert, die unterschiedlichen Schulen zu etwas abstrakteren Kategorien zusammenzufassen.

Verschiedene Schulen systemischer Beratung

Die Schulen (ein meist synonym verwendeter Begriff ist Ansatz) sind oft mit den Namen ihrer Entwickler und Entwicklerinnen, den Entstehungsorten oder besonders prägnanten Aspekten des Ansatzes verbunden: Wer an Mara Selvini Palazzoli und ihr Team denkt, denkt auch an Mailand und die stark auf die paradoxen Gehalte von Kommunikation abstellende Vorgehensweise der Mailänder Gruppe, während die lösungsorientierte Arbeit von Steve de Shazer und seinem Team untrennbar mit dem Brief Family Therapy Center in Milwaukee gekoppelt ist und für die dort stark gemachte Idee steht, dass ein bestimmtes Sprechen über Lösungen die Essenz systemischer Beratung sein muss. Die – als Rekonstruktion teilweise gemeinsamer Grundlagen – entstandenen Kategorisierungen der einschlägigen Lehrbücher bringen hier Licht ins Dunkel, indem sie diese verschiedenen systemischen Schulen hinsichtlich ihrer zugrundeliegenden Theorien untersuchen und zusammenfassen. So gibt es beispielsweise Ansätze der Kybernetik erster Ordnung, der Kybernetik zweiter Ordnung, frühe, »nicht systemische« Ansätze und neuere Entwicklungen, die sich bisher noch nicht richtig einordnen lassen bzw. quer zu mehreren Kategorien liegen. Eine tabellarische Übersicht findet sich beispielsweise bei von Schlippe und Schweitzer (2013), aus der auch noch nicht abgeschlossene und sich verändernde Zuordnungen über die verschiedenen, immer wieder aktualisierten Ausgaben hinweg ersichtlich werden.

Systemische Professionalisierung als Prozess der Ko-Konstruktion
Angesichts solcher sowohl klärender als auch bewusst offenzuhaltender Tabellen und Zusammenstellungen fragen sich angehende systemische Berater und Beraterinnen wie Laura zu Recht, auf welche Weise angesichts der divergenten Vorgehensweisen und Weltmodelle ein kohärentes systemisches Selbstverständnis für und durch Fachkräfte entwickelt werden kann. Die Antwort aus der Sicht von Lehr- und Lernprozessen und gemäß der Intention des vorliegenden Buchs kann nur sein: Eine solche systemische Professionalisierung muss zwangsläufig den Ko-Konstruktionsaspekt zwischen theoretischer Auseinandersetzung, praktischen Erfahrungen und deren reflexiver Bezugnahme beinhalten und wird dann zu unterschiedlichen, aber hoffentlich Halt gebenden systemischen Professionalitäten führen. Um diesen Konstruktionsprozessen hin zur systemischen Professionalität eine erste Orientierung zu geben, ist aber trotz der zu erwartenden Vielfalt an zukünftigen systemischen Beratungsstilen ein Modell systemischer Wirksamkeit notwendig, um das herum sich dann die vielfältigen Lern- und Bildungsprozesse entfalten können. Eine praktisch befriedigende und theoretisch bereichernde Antwort auf die Frage nach einem solchen Modell lässt sich aus den Ergebnissen der neuesten Beratungs- und Therapieforschung gewinnen.

Systemisches Wirkfaktorenmodell
Hier werden seit mehreren Jahrzehnten die sogenannten Wirkfaktoren oder auch Common Factors untersucht. Diese Forschung

befasst sich als Teilgebiet der allgemeinen Beratungs- und Therapieforschung mit der Frage, welche übergeordneten Mechanismen am Werk sind, wenn in einer Beratung oder an deren Ende Berater und Beraterinnen und Klienten und Klientinnen sagen: Es ist oder war effektiv, es hat mir geholfen, mir geht es besser, ich habe mehr Verhaltensoptionen etc. Dabei untersucht die Wirkfaktorforschung eben gerade nicht einzelne beraterisch-therapeutische Verfahren und Schulen, sondern geht vergleichend im gesamten weiten Feld der Beratungs- und Therapiemethoden vor. Beratung und Therapie können an dieser Stelle ganz beruhigt in eines gesetzt werden, denn zum einen speist sich der Diskurs der Wirkfaktorforschung aus der internationalen Wissenschaftsgemeinschaft mit einem besonderen Schwerpunkt im US-amerikanischen Raum, und es ist sehr unterschiedlich, welches Verfahren in welchem Land als Therapieverfahren mit der Möglichkeit der Abrechnung im Gesundheitssystem gilt und welches Verfahren nur als Beratungsverfahren, das dann in der Regel im System der Sozialen Arbeit, des Coachings oder durch Selbstzahler aus unterschiedlichen Kontexten finanziert wird. Ernsthafte Analysen gehen dabei von bis zu 60 verschiedenen Beratungs- und Therapiemethoden aus (Wampold u. Imel, 2015; Grawe u. Caspar, 2012; Lambert, 2013). Aus den Befunden dieser allgemeinen Wirkfaktorforschung lassen sich nun diejenigen Elemente destillieren, die nicht nur die positiven Effekte unterschiedlicher Beratungs- und Therapiemethoden wie das klientenzentrierte, tiefenpsychologische, verhaltenstherapeutische Vorgehen sichtbar machen können, sondern eben auch das Gemeinsame der unterschiedlichen systemischen Ansätze.

Ein Modell hat sich dabei in den letzten Jahren als besonders interessant herausgestellt, nämlich das Kontextmodell von Bruce Wampold und Zac Imel (Wampold u. Imel, 2015), dessen Adaption und Anpassung an systemische Beratung (Weinhardt, 2017b) diesem Text zugrunde liegt. Das Modell von Wampold und Imel ist zum einen sehr gut durch Forschungsergebnisse abgesichert bzw. wurde gezielt daraus entwickelt. Zum anderen lässt es sich theoretisch befriedigend und für die Nutzung in der systemischen Fort- und Weiterbildung sinnvoll entlang der Merkmale konkretisieren, die für das systemische Vorgehen typisch sind. Mit einem solchen Wirkfaktorkonzept können Beraterinnen und Berater verstehen lernen, was an systemischer Beratung hilfreich und wirksam ist, und darauf aufbauend ihre eigenen Lern- und Bildungsprozesse ausrichten.

Was sind nun die Ingredienzen systemisch wirksamer Beratungen? Abbildung 1 zeigt das Systemische Wirkfaktorenmodell nach Wampold und Imel, das adaptiert und um bestimmte Faktoren erweitert wurde (SWM). Es kann der Grafik folgend durchaus zunächst einmal von links nach rechts und von oben nach unten gelesen werden, auch wenn nach dem ersten Verständnis alle Teile in wechselseitiger Abhängigkeit gedacht werden müssen.

Beratung als Ko-Produktion: Vertrauen, Verständnis, Expertise

Zunächst verdeutlicht das Systemische Wirkfaktorenmodell, dass Beratung eine echte und unaufhebbare Ko-Produktion zwischen mindestens zwei, in der systemischen Beratung nicht selten auch mehr beteiligten Personen ist, die miteinander in Kontakt treten. Kontakt heißt dabei gemäß dem Systemischen Wirkfaktorenmodell noch nicht gleich Beziehung, denn eine solche für systemische Beratung zu entwickeln und zu halten, ist bereits einer der auf den Kontakt hoffentlich folgenden wesentlichen Wirkfaktoren und gerade kein automatischer, beiläufiger Prozess. Der erste Kontakt muss aber bereits in der ersten Phase des Zueinanderfindens – vielleicht schon vorbereitet durch Telefonate, Kontaktaufnahme im Internet samt zugehöriger Webseite oder sonstiger Öffentlichkeitsmaterialien – durch wesentliche Aspekte bestimmt sein: Wampold und Imel spre-

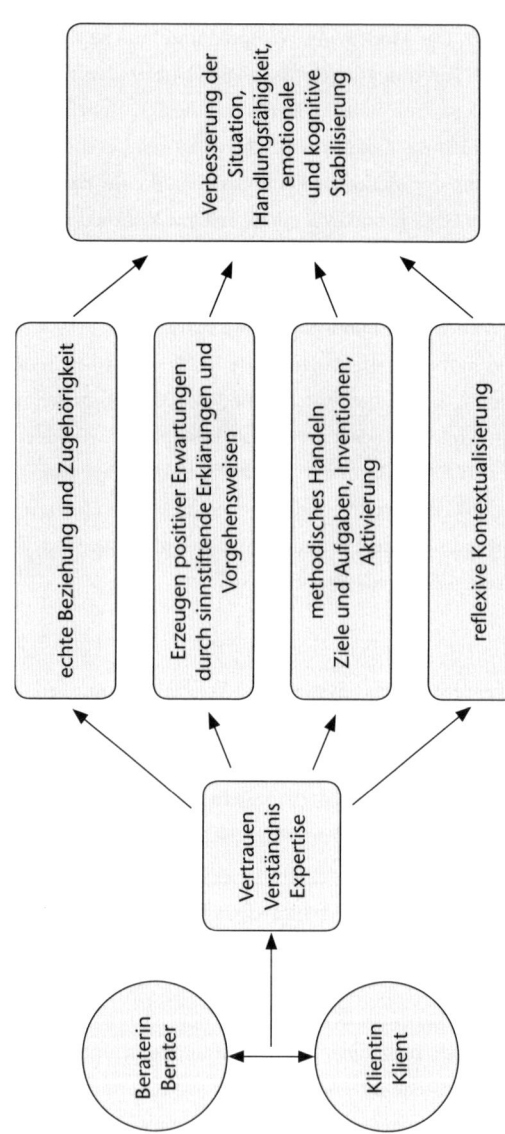

Abbildung 1: Systemisches Wirkfaktorenmodell (SWM) nach Wampold und Imel (2015), adaptiert und erweitert

chen von Vertrauen, Verständnis und Expertise, die bereits die erste Begegnung kennzeichnen sollen. Mit Vertrauen ist dabei gemeint, dass Klienten und Klientinnen von Anfang an das Gefühl und auch den kognitiven Eindruck haben müssen, dass sie einer hilfreichen Person und Organisation begegnen. Umgekehrt gilt für Beraterinnen und Berater, dass sie Vertrauen in ihre potenziellen zukünftigen Klienten und Klientinnen haben – eine wichtige systemische Prämisse ist dabei, dass Berater und Beraterinnen Menschen auch in schwierigen, herausfordernden und krisenhaften Lebenssituationen ein Maximum an Autonomie zumuten und das zugehörige Vertrauen haben, dass sich in und durch diese Autonomie Dinge entwickeln können. Es wäre dabei nicht systemisch, solche Vertrauenserwartungen nicht konsequent als wechselseitige Konstruktion aufzufassen, auch schon in dieser frühen Phase des In-Kontakt-Kommens.

Niklas Luhmann (1987) spricht in seiner soziologischen Systemtheorie von Erwartungserwartungen: Wenn zwei Menschen aufeinandertreffen, sind ihre Erwartungen gerade nicht nur durch ihre in ihrer Person angesammelten Erfahrungen gekennzeichnet, sondern auch davon geprägt, was sie über die Erwartungen der anderen denken, also durch Erwartungserwartungen. Ebenso zirkulär bedingt ist der Begriff des Verständnisses. Damit ist sowohl die Bereitschaft gemeint, mit einer anderen Person einen für eine Sache notwendigen Minimalkonsens zu erreichen, als auch ein erstes, häufig sehr bestimmendes Gefühl, ob das möglich sein wird. Ähnlich wie die Entwicklung und Einschätzung des Vertrauens handelt es sich dabei oft um Phänomene, die sich in Sekunden und noch kürzer abspielen – aus der Forschung ist gut bekannt, dass das erste Zusammentreffen von Personen durch Sekundenbruchteilen umfassende Einschätzungen gekennzeichnet ist, die meist unterhalb der Wahrnehmungsschwelle liegen. Um diese Mechanismen kommen auch Fachkräfte in Humandienstleistungsberufen nicht herum, aber man wird von ihnen erwarten dürfen, sie zu kennen und einen konstruktiven Umgang damit zu finden.

Pierre Bourdieu hat dazu das Konzept des Habitus entwickelt (Bourdieu, 1982), das man zusammenfassend mit der Verkörperlichung von Wissen und Erfahrung beschreiben kann. Der Habitus ist unbewusst, stellt eine starke Orientierungsfunktion dar und zeigt sich vor allem, wenn er irritiert wird. Mit dieser habituellen Grundorientierung in der Welt werden wir im Alltag erst handlungsfähig: Wir wissen, was uns gut gefällt, was uns schmeckt, wen wir sympathisch finden, wann man über einen Witz lacht – und wann und wie man jemanden begrüßt.

In Lauras Fall lässt sich die erste Irritation mit dem Habitus gut erklären, die ja gemäß dem Systemischen Wirkfaktorenmodell schon früh begonnen hat, nämlich mit dem Öffnen der Bürotür: Plötzlich stand Laura, die akademisch sozialisiert ist und selbst aus einem Akademikerhaushalt stammt, eine andere junge Frau gegenüber. Aber die Ähnlichkeit der doch eher nahe beieinanderliegenden Lebensalter konnte Laura keine situative Orientierung in der Begegnung geben, sondern hat zur weiteren Irritation beigetragen: Wie begegnet man jemandem, der offensichtlich ganz anders ist als man selbst, der aus einer anderen Welt kommt, etwas nach Alkohol riecht und Klamotten trägt, die man selbst nur aus Musikvideos und Fernsehserien kennt? Solche Entfremdungssituationen im ersten Kontakt dürften für die meisten Beratungslernenden eher die Regel als die Ausnahme sein – hier zeigt sich an einem ganz trivialen Element, dass die Beratungserfahrungen im Sinne der (noch zu beschreibenden) Deliberate Practice permanent reflektiert werden müssen, wie noch zu präzisieren ist. Denn fasst man in Form einer Metapher den Habitus als Spielfeld für die zwischenmenschliche Interaktion mit einer bestimmten Form und Größe auf, so besteht eine generelle Entwicklungsaufgabe für alle Berater und Beraterinnen darin, dieses Spielfeld in seinen eigenen Begrenzungen zunächst kennenzulernen und dann systematisch zu erweitern – also immer mehr unterschiedlichen Personen und Lebensgeschichten schon beim ersten Eindruck neugierig, verständnis- und vertrauensvoll gegenübertreten zu können.

Mit dieser Fähigkeit eng verknüpft ist der dritte Begriff, den Wampold und Imel für die Gestaltung des ersten Kontaktes anführen: die Expertise. Auch diese versteht sich im systemischen Denken als wechselseitige Zuschreibung, aber mit verschiedenen Rollen. Systemische Fachkräfte sind Expertinnen und Experten darin, andere Menschen in Krisen und Veränderungsprozessen zu begleiten, mit ihnen zusammen herauszufinden, was der Fall sein könnte und wie eine gewünschte Änderung von Verhalten, Einschätzung oder Empfinden aussehen und herbeizuführen sein könnte. Die Klienten und Klientinnen hingegen sind in der systemischen Beratung und Therapie Experten und Expertinnen für ihre eigene Lebenswelt. Dies zeigt sich auch an dem häufig aus dem amerikanischen Raum übernommenen Begriff von Kunden und Kundinnen, die in der Beratung um etwas nachsuchen. Es geht dabei weniger um die Rolle ökonomischer Kunden und Kundinnen, die etwas kaufen, sondern um die ältere Bedeutung des Kundigseins, die in diesem Begriff mitschwingt – gemeint als Wissen um die eigenen Bedürfnisse. Beide Formen von Expertise werden in der systemischen Beratung idealerweise wechselseitig respektiert und führen so zu einer Begegnung, die trotz unterschiedlicher Rollen systemische Dialoge auf Augenhöhe prinzipiell ermöglicht. Es darf aber nicht darüber hinweggesehen werden, dass es auch Beratungskonstellationen gibt, in denen von Beginn an die um Hilfe nachsuchenden Menschen einen so großen Autonomieverlust erlitten haben, dass sich in der Tat die Frage problematischer hierarchischer Abhängigkeiten stellt – beispielsweise, wenn sie übermäßig viele Substanzen gebrauchen oder in einer psychischen Verfassung sind, die vermuten lässt, dass es zu einer Eigen- oder Fremdgefährdung kommen könnte. Auch in diesen Situationen von einem Dialog auf Augenhöhe auszugehen hieße, diese Probleme zu negieren. Eine ethisch verantwortbare Umgangsweise mit solchen Konstellationen kann man sicherlich immer nur fallweise finden. Gerade systemische Konzepte bieten viele Anregungen für den Umgang mit Unfreiwilligkeit und Zwang.

Wirkfaktor Beziehung/Zugehörigkeit

Dem Systemischen Wirkfaktorenmodell folgend und unterstellt, dass aus einem ersten Kontakt tatsächlich ein Beratungsprozess resultiert, ist nun die Frage, wie sich ein wirksames systemisches Geschehen in diesem Prozess entwickeln kann. Wampold und Imel benennen als ersten fundamentalen Wirkfaktor etwas, das sie als echte Beziehung und Zugehörigkeit beschreiben. Dieser Faktor ist vielleicht der am schwersten zu interpretierende, da der Beziehungsbegriff in Beratung und Therapie notorisch überfrachtet ist. Die Präzisierung tut also hier besonders not und birgt gleichzeitig die Gefahr neuer Missverständnisse. Systemisch wirksame Beziehungen kann man vielleicht am ehesten entlang von drei Eckpunkten beschreiben: bezüglich der spezifischen Qualität, der Quantität und der Verteilung von Beziehungsangeboten.

Hinsichtlich der Qualität dieser Beziehung ist Wampold und Imel vor allem wichtig, sie ergänzend als echt zu beschreiben, man könnte auch, an Rogers denkend, authentisch schreiben. Gemeint ist damit, dass das, was entsteht, kein künstliches Surrogat von Wertschätzung, keine paraphrasierende Schauspielerei und auch keine lediglich aufgesetzte Freundlichkeit sein soll, sondern der anthropologischen Natürlichkeit folgen soll, wie sie Klienten und Klientinnen und Berater und Beraterinnen auch aus Begegnungen aus dem Alltag kennen. Nicht ohne Grund lässt sich beispielsweise nachweisen, dass Barfrauen, Frisöre und Taxifahrer oft spontan von ihren Kunden und Kundinnen zu Beratern und Beraterinnen erklärt werden, bei denen sie Verständnis finden (Nestmann, 1988). Daraus folgt für systemische Beraterinnen und Berater die ermutigende Tatsache, dass sie auch in Beratungsprozessen sie selbst bleiben können und keine geschauspielerte Rollen spielen müssen. Vielmehr muss die eigene Persönlichkeit elementar in die Entwicklung von Fachlichkeit einbezogen werden. Allerdings markiert die Beschreibung von möglichst authentisch und natürlich gestalteten Beziehungsangeboten auch die Notwendigkeit, zu wissen, dass nicht alle Beziehungsgestaltungsmöglichkeiten, die im Alltag theoretisch vorkommen können, Platz in beraterischen Begegnungen haben – dazu gehört beispielsweise das Thema Sexualität. Eine als wirksam erachtete Natürlichkeit in der Beratungsbeziehung lässt sich gut in Lehrvideos bekannter Berater und Beraterinnen beobachten – eine für diesen Zweck ausgezeichnete modellhafte Lernmöglichkeit, die aktuell zu selten praktiziert wird. Beratungsanfänger und -anfängerinnen sind dann oft sehr verblüfft darüber, wie unspektakulär sich systemische Beratungen bezüglich der Beziehungsgestaltung darstellen. Es gibt offensive, zurückhaltende oder besonders neugierige oder anderweitig ausgeprägte Stile. Jedoch sind alle Vorgehensweisen davon gekennzeichnet, dass das, was angeboten wird, auf schwer zu beschreibende Art und Weise echt und häufig auch mühelos erscheint – gerade in herausfordernden Situationen. Und gerade in diesen Situationen, die manchmal auch Konfliktpotenzial bieten, aktualisiert sich der Zugehörigkeitsaspekt als weiteres Wirkelement. Auch er gilt für alle an der Beratung Beteiligten. Nur wenn Klientinnen und Klienten maximal partizipieren können, sie jederzeit die Freiheit haben, auch Problematisches zu äußern, werden Beratungsbeziehungen wirksam.

Diese wichtigen Forderungen nach Natürlichkeit und Zugehörigkeit gehen bei Wampold und Imel interessanterweise auch auf eine

Interpretation der Geschichte von Beratung und Therapie zurück: Vorläufer unserer modernen Beratungs- und Therapieberufe waren die Heilkundigen, Druiden und Schamanen früherer Gesellschaftsformen. Personen, die jeder kannte und zu denen zu gehen in Zeiten von Krise und Krankheit als völlig normal und angemessen galt. Die Hilfsangebote dieser Personen waren also gerade nicht so inszeniert wie das, was heute oft als lebensweltferne und deshalb besonders professionelle Veränderungsarbeit beschrieben wird. Erst die Inhalte der Kommunikation und Rituale, die dort durchgeführt wurden, waren angemessen unterschiedlich zur kommunikativen Praxis der Hilfesuchenden, sodass ein produktives Spannungsfeld zwischen bestehendem Vertrauen und produktiver Irritation die Folge dieser »Behandlungen« war – ein Aspekt, auf den bezüglich des technisch-methodischen Handelns in der systemischen Beratung noch zurückzukommen sein wird. Vielleicht ist dies der Grund, dass Wampold und Imel das Wort Arbeitsbeziehung (im internationalen Kontext als Working Alliance bezeichnet) eher vermeiden, denn das Wort Arbeit könnte dazu verführen, zu sehr auf künstliche, aufwendig hergestellte Aspekte von Beziehung zu fokussieren, die die meisten Klienten und Klientinnen sehr rasch als nicht hilfreiche Schauspielerei entlarven. Vielmehr lässt sich geforderte Mühelosigkeit, auf die sich gerade Beratungsanfängerinnen und -anfänger einlassen sollten, aus den abstrakten systemischen Prämissen der Neugierde, Neutralität und Allparteilichkeit ableiten. Ziel ist nicht – und dieser Aspekt leitet schon über zu den mengenmäßigen Aspekten von Beziehung – die Beziehung so weit zu intensivieren, dass sie dauerhaft ein bestimmender Teil des Lebens von Klienten und Klientinnen wird. Dies würde auch dem Autonomiegebot systemischer Beratung widersprechen. Vielmehr geht es um eine freundliche, belastbare Neugierde gegenüber den Lebensgeschichten anderer Menschen und die damit einhergehende, auf eigenes Nichtwissen eingestellte Begeisterung für die Unterschiedlichkeit menschlicher Existenz und daraus entstehenden Beziehungskonstellationen.

Bezüglich der Menge an Beziehung könnte man deshalb auch die Faustregel aufstellen »So viel wie notwendig, so wenig wie möglich« – gekleidet in die beständig mitlaufende systemische Reflexionsfrage, was man denn als Beraterin und Berater tun könnte, damit man selbst auf gelingende Art und Weise für die Klienten und Klientinnen wieder überflüssig wird. Dieses freundlich und wertschätzend gemeinte Sparsamkeitsgebot hat in der systemischen Beratung einen besonders wichtigen Grund: Immer geht es hier um die Kontextualisierung der in der Beratung verhandelten Dinge. Das bedeutet, dass auch und gerade in systemischen Beratungen immer die nicht Anwesenden mitgedacht werden müssen, zu denen selbstverständlich auch Beziehungen entstehen, auch wenn es sich dabei häufig zunächst nur um mehr oder weniger ausgedehnte Erwartungserwartungen handelt. Wer sich in Paar- und Familienberatungen beispielsweise zu sehr auf einzelne Personen einlässt, bekommt automatisch einen Beziehungskonflikt mit den weniger gut mit Beziehungsangeboten versorgten Personen oder bedient, ohne es zu bemerken, Ausschlusslogiken des Systems und reproduziert damit einen Teil des Musters, dessentwegen um Beratung nachgesucht wurde. Laura beispielsweise hat sich in ihrem Gespräch besonders den Werten, Normen und Ideen der nicht anwesenden Eltern von Mike nahe gefühlt und so paradoxerweise die viel intensivere Beziehung zu ihrer vor ihr sitzenden Klientin beinahe verloren. Diese Fragen von Verteilungsgerechtigkeit hinsichtlich der Zuwendung machen es also theoretisch notwendig, das Sparsamkeitsgebot umzusetzen, denn niemand kann zu beliebig vielen Menschen beliebig vertiefbare Beziehungen aufnehmen und diese unterhalten.

Wirkfaktor positive Erwartungen
Der nächste bedeutsame Faktor im Systemischen Wirkfaktorenmodell ist die Erzeugung von positiven Erwartungen durch sinnstiftende Erklärungen und Vorgehensweisen. Es geht dabei darum, dass sich Klientinnen und Klienten zusammen mit ihren Beraterinnen und Beratern möglichst umfassend darauf einstellen, dass das gemeinsame Tun Erfolge haben wird, gleichgültig in welcher Hinsicht. Während viele andere Beratungsverfahren sich mit dieser spezifischen Art der positiven Aktivierung im Konkreten schwertun, bietet systemisches Handeln hier reichhaltige Orientierungspunkte. So ist beispielsweise die Einstiegsfrage, was sich seit dem Entschluss zur Anmeldung zur Beratung schon verändert hat, in vielen Beratungsprozessen hilfreich, um erste, vielleicht noch vage Veränderungen sofort zum Thema zu machen und bereits bestehende positive Erwartungen sofort zu nutzen. Solche Veränderungen vor dem ersten Termin sind aus der Forschung als Pre-Session-Change seit Langem gut bekannt (Shazer, 1992a, 1992b) und stellen eine sehr starke Ausprägung positiver Erwartungen dar – ebenso wie die Tatsache, dass Klienten und Klientinnen, die sich im Rahmen von wissenschaftlichen Studien auf einer Warteliste befinden, ebenfalls bereits Verbesserungen erleben – sehr zum Ärger klassisch medizinisch denkender Kollegen und Kolleginnen, die solche wichtigen positiven Erwartungen als wenig dauerhafte Placeboeffekte abtun möchten.

Es ist sehr wichtig, diese positiven Erwartungen auf Besserung der Lage an möglichst vielen Stellen in Beratungsprozessen zu unterstützen – auch dadurch, dass Klienten und Klientinnen den Gesamtprozess als positiv verstehbar empfinden. Dafür ist es hilfreich, wenn Beraterinnen und Berater verdeutlichen, dass es verständliche Erklärungen für ein bestimmtes Vorgehen gibt. Das kann beispielsweise dadurch geschehen, dass man die Notwendigkeit der vielen Fragen oder die Idee, dass sich das Wesentliche zwischen den Sitzungen entwickelt, plausibel und verständlich macht. Ebenso wichtig wie die Prozessebene sind dabei Fragen zur Ursachenforschung, die Klienten und Klientinnen oft bis zu einem gewissen Maß benötigen, um sinnstiftende Erklärungen zu finden. Die meisten Menschen, die in die Beratung kommen, möchten nicht nur etwas ändern, sondern – manchmal vor, nach oder parallel zu Handlungsschritten – auch etwas über sich und ihre Umwelt erfahren und dies verstehen. Das konstruktivistische Weltbild systemischer Beratung schließt solche Erklärungsversuche nicht aus – solange Beraterinnen und Beratern klar ist, dass es nicht um die eine, vermeintlich einzig richtige Erklärung geht, sondern um eine möglichst sinnstiftende.

Wirkfaktor methodisches Handeln
Der dritte Faktor innerhalb des Systemischen Wirkfaktorenmodells ist das methodische Handeln. Zu ihm gibt es – ebenso wie zum Aspekt der Beratungsbeziehung – eine gewaltige Menge an oft falschen Vorannahmen. Erwiesen ist beispielsweise gut, dass ganz unterschiedliche Beratungs- und Therapiemethoden und -verfahren gleich gute Erfolge erzielen, wenn man sie unter fairen und kontrollierten Bedingungen vergleicht. Ein weiteres Missverständnis betrifft die mengenmäßige Bedeutung des methodischen Handelns für den Erfolg von Beratung und Therapie. Aus der umfangreichen Forschung dazu lässt sich gesichert sagen, dass auf die Technik und Methode nur ein kleiner Teil des Beratungs- und Therapieerfolges entfallen, je nach Untersuchung 5 bis maximal 15 Prozent. Daraus entsteht wiederum das manchmal wegen dieses Befundes auftauchende dritte Missverständnis, nämlich dass es egal ist, ob und welche Verfahren Beraterinnen und Berater praktizieren. Dies ist nicht der Fall, denn es gibt nachweislich auch unsinnige, nicht rational begründbare Vorgehensweisen auf dem Psychomarkt und es wäre ein Fehler, Befunde aus der Wirkfaktorforschung im Sinne eines falschen

Verständnisses von »Anything goes« zu interpretieren. Vielmehr zeigt sich an dieser Stelle besonders deutlich die zirkuläre Wechselwirkung der hier isoliert dargestellten Wirkfaktoren, denn ohne eine sachkundig angewandte Methode, mit der Beraterinnen und Berater selbst Vertrauen und Routine entwickelt haben, lässt sich auch keine positive Erwartung und Erklärung des Tuns bewerkstelligen.

Was das methodische Handeln in der systemischen Beratung leisten muss, sind drei Dinge: Das Entwickeln von Zielen und Aufgaben, nachvollziehbare Interventionen, um diese Aufgaben zu bewältigen, und die Aktivierung von Klientinnen und Klienten. Auch dieser allgemeine Wirkfaktor gelingenden Beratungshandelns wird in der systemischen Beratung ideal bedient: Das Klären von Zielen und das Einholen von Aufträgen ist in keinem anderen Beratungsverfahren auf so mannigfaltige, aber intensive Weise ausgeprägt wie im systemischen Denken, gleich mit welcher speziellen Methode es durchgeführt wird. Bestimmt man konkrete Aufgaben zu solchen Zielen, ist wiederum die radikale Orientierung an den Bedürfnissen der Klientinnen und Klienten wichtig. Die Berücksichtigung unterschiedlicher Aufträge und manchmal auch unterschiedlicher Auftraggeber und Auftraggeberinnen, wenn systemische Beratung z. B. in den Hilfen zur Erziehung oder anderen multiprofessionellen Zusammenhängen durchgeführt wird, wird im Zusammenhang mit dem nächsten und letzten Wirkfaktor Kontextualisierung noch genauer besprochen.

Bezogen auf den Wirkfaktor gelingenden methodischen Handelns ergibt sich hier zunächst die Feststellung, dass eine Beratung ohne Auftrag und Ziel keine Beratung ist. Bisweilen kann es natürlich durchaus erforderlich sein, Menschen einfach nur beizustehen oder sie mit Fachwissen zu versorgen (Weinhardt, 2018), was aber an dieser Stelle nicht mit Beratung verwechselt werden darf. Entwickelte Aufgaben und Ziele müssen mit passenden Interventionen angestoßen und umgesetzt werden. Dieses methodisch-technische Auf-den-Weg-Bringen ist möglicherweise der Aspekt, in dem die unterschiedlichen systemischen Schulen sich am meisten unterscheiden: Unterschiedlich theoretisch begründete und praktisch umgesetzte Formen von Genogrammarbeit, Skulptur und Aufstellung, Beobachtungs- und Verhaltensaufgaben samt ihrer zirkulär fragenden Vor- und Nachbereitung stehen in der Methodenliteratur fein säuberlich zur Verfügung. Wesentlich ist hier, dass die gewählten Verfahren für Beraterinnen und Berater sowie für Klientinnen und Klienten Sinn machen und nachvollziehbar begründet werden können. Und schließlich – der letzte Teilaspekt des methodischen Handelns – muss dies alles zur Aktivierung von Klienten und Klientinnen in ihrer Lebenswelt führen, damit Beratung nicht zum bloßen elaborierten Intellektualisieren verkommt – wobei das Ergebnis, sich am Ende einer Beratung gar nicht verändern zu wollen, ebenso eine aktive Entscheidung darstellt wie das Angehen größerer oder kleinerer Umstellungen in Denken und Handeln. Trotz seiner mengenmäßig kleinen Beteiligung am Ergebnis von Beratung und Therapie wird in der Ausführung deutlich, dass das methodische Handeln einen bedeutsamen Bestandteil systemischer Fachlichkeit darstellt. Gleichzeitig markiert es die Sphäre, in der Entgleisungen hinsichtlich der Verabsolutierung einiger oder nur einer (meist der eigenen) Methode zu einem gewissen unguten Guru-Denken und Verinselungen einzelner systemischer Schulen geführt haben, von dem sich Lernende gleich welchen Niveaus neugierig-freundlich distanzieren sollten – obwohl gerade die manchmal verblüffend wirkenden Interventionstechniken aus dem systemischen Denken besonders reizvoll erscheinen, aber ohne die vorher benannten Faktoren der gelingenden Beziehungsgestaltung und der Erzeugung positiver Erwartungen nur ins Leere verpuffen können.

Wirkfaktor reflexive Kontextualisierung

Und schließlich lässt sich als letzter Wirkfaktor systemischer Beratung die reflexive Kontextualisierung angeben. Mit ihm wird das ursprüngliche Modell von Wampold und Imel um spezifische Aspekte erweitert, ohne die eine Beschreibung systemischer Prozesse unvollständig wäre. Anders als in der Darstellung der Grafik wäre auch eine alternative Abbildung der reflexiven Kontextualisierung möglich, nämlich als eine das gesamte Geschehen umfassende zirkuläre Figur, die aber aus Übersichtlichkeitsgründen nicht gewählt wurde. Systemische Beratung zeichnet sich – neben allen Gemeinsamkeiten mit anderen Beratungsverfahren, die im allgemeinen Modell von Wampold und Imel benannt werden – durch die beständige Reflexion des Erbringungskontextes aus. Dies beginnt schon damit, dass beispielsweise die Bezeichnung des Angebotes als Teil der Auftragsklärung mitgedacht wird. Aus einem Praxisschild »Systemische Beratung und Therapie« wird so die Frage, ob eher Beratung oder eher Therapie gewünscht wird. Dahinter steht die Idee, schon darüber mit Klienten und Klientinnen ins Gespräch zu kommen und zu erfahren, ob darin z. B. schon erste Ideen zur Schwere des Problems mitschwingen.

Noch wichtiger ist die reflexive Kontextualisierung aber in all den Erbringungskontexten, in denen systemische Beratung ihre größten Erfolge hinsichtlich der eigenen Professionalisierung erzielt hat: Auftragskontexte mit mehreren, sich bisweilen gegenseitig ausschließenden Erwartungen und Zielen, wie sie oft in der Jugendhilfe und generell der Sozialen Arbeit zu finden sind. Hier können Beratungsprozesse nur gelingen, wenn die Frage »Wer tut hier was in welchem Kontext mit welchem Ziel?« beständig mitgedacht wird, und zwar bereits vor, aber auch während und nach der Auftragsklärung, die ja vor allem auf Ziele und Wünsche der unmittelbar Beteiligten eingeht und sich den weiteren Kontext permanent reflexiv erschließen muss – wenn man so will eine Dauerbeobachtung des Beratungssystems von Anfang an. Im Fall von Laura war dies besonders an den Stellen notwendig, an denen sich das Beratungssystem stark veränderte, nämlich als Mike im Jugendamt vorstellig wurde, ihr eine Hilfemaßnahme genehmigt wurde und die Beratung fortan nicht nur freiwillig nachgesucht, sondern auch fest im Hilfeplan verankert war.

Reflexive Kontextualisierung meint also mehr als eine sorgfältige Auftragsklärung, nämlich die systemisch ureigene Grundauffassung, dass alles – auch die Beratung – eine soziale Konstruktion ist, die immer auch ganz anders sein könnte. Goolishian und de Shazer sprechen deshalb beispielsweise sowohl von einem problemerzeugenden und aufrechterhaltenden System (vor der Beratung) als auch von einem sich neu konstellierenden Beratungssystem (während der Beratung) mit ganz eigenen Gesetzlichkeiten, dessen Verankerung in den unterschiedlichen lebensweltlichen Kontexten als soziale Konstruktion beständig mitbedacht werden muss.

Lauras Reflexionen
Zurückkommend auf Lauras Professionalisierung als Lernfall lässt sich mit dem Systemischen Wirfaktorenmodell also Lauras Frage »War es systemisch, und wenn ja, weshalb?«, präzise beantworten. Da Laura an einem Forschungsprojekt teilgenommen hat, ist ihre Reflexion sehr umfangreich erfasst und kann hier in Auszügen geschildert werden: Im ersten Kontakt hat in der Begegnung zwischen Laura und Mike die Unsicherheit bei Laura überwogen – zu fremd erschien ihr in den ersten Augenblicken die Begegnung mit Mike. Diese Unsicherheit konnte sich erst zögerlich und nicht in vollem Umfang in eine neugierige Haltung verwandeln. Bezüglich der Beziehungsgestaltung hat Laura bemerkt, dass sie einen potenziellen Neutralitätsverlust erlitten hat, indem sie sich weitgehend unausgesprochen, aber für Mike spürbar, in der Sicht auf die Konflikte eher

auf die elterliche Seite eingelassen hat – ein Thema, das sich auch in späteren Sitzungen noch einmal gezeigt hat, als das Jugendamt als weiterer Akteur in das Beratungssystem eingetreten ist und sie versucht war, eher den Ideen der Mitarbeiterin dort als Mike zu vertrauen. Auch mit der Aufrechterhaltung und Erzeugung einer positiven Erwartungshaltung hatte Laura Mühe. Die wichtige Frage, ob sich vor der Sitzung schon etwas verändert hat, hat sie nicht gestellt und in der nachgehenden Reflexion bemerkt, dass sie sich sehr auf die Seite der Probleme hat ziehen lassen, sich also zu sehr einem problemorientierten Sprachspiel hingegeben hat.

Das methodische Handeln hatte sich Laura vorher sorgfältig als Ablauf notiert – aus der Sicht einer Rezipientin systemischer Lehrbücher und den ausgewählten Beobachtungssituationen in ihrer Hospitationsphase. In der Situation zeigte sich dann, dass »weniger ist mehr« sinnvoller gewesen wäre. Auf die große Menge der (stellenweise komplizierten) systemisch-zirkulären Fragen folgten zu wenige und zu kurze Pausen, sodass sich über weite Phasen ein zunächst künstlich wirkendes Gespräch und schließlich eine kommunikative Verengung durch zunehmend geschlossene Fragen ergeben hat. An dieser Stelle zeigte sich auch deutlich, wie eng technisch-methodisches Handeln (hier: eine zu große und unbedarft eingesetzte Menge systemischer Fragen) mit der Beziehungsgestaltung zusammenhängt, die dadurch für beide erschwert war.

Beim Bedenken der reflexiven Kontextualisierung wurde Laura deutlich, wie wenig ihr während der Beratungssituation der erweiterte Kontext bewusst war, in den Mike nach der Beratung zurückkehrt. Dies hat zum einen dazu geführt, dass Laura einen sehr starken Druck verspürt hat, unmittelbar und rasch zu helfen und dabei zu vergessen, dass Mike ihre Fragen und Probleme schon längere Zeit hat. Die sich damals schon abzeichnende Kontaktaufnahme mit dem Jugendamt war ebenso vergessen wie das Erfragen relevanter lebensweltlicher Informationen, beispielsweise zu Schule, Hobbys und Freizeitaktivitäten von Mike und den Konsequenzen, die eine Veränderung oder Nichtveränderung von Mike dort jeweils hätte.

In diesem kurzen Nachzeichnen von Lauras Reflexionen wird neben den von ihr bemerkten Themen und Bezügen zu systemischem Wirkfaktoren noch ein weiterer Aspekt deutlich: Wie schnell sich ein eher negativ klingender Fokus auf das eigene Lernen vor allem bei berufsbiografisch jungen Lernern und Lernerinnen einstellen kann. Nur auf eher hartnäckige Nachfragen der Forscher und Forscherinnen war Laura in der Lage, auch positive Aspekte zu benennen – beispielsweise die Tatsache, dass Mike bereit war, zu weiteren Gesprächen zu kommen, dass einige ihrer Fragen durchaus (aber eben nur punktuell) den Gesprächsfluss in Gang gebracht haben und dass sich aus den ersten Kontakten insgesamt eine längere Beratung ergab, die Mike aus ihrer Sicht zufrieden abgeschlossen hat und zu der sie bemerkt hat, dass sie vor allem hilfreich fand, dass Laura immer versucht hat, mit ihr weiterzukommen und neue Ideen zu generieren.

Mit dem exemplarischen Benennen des Reflexionspotenzials eines systemischen Wirkfaktorenmodells ist nun ausgehend von Lauras Lernfall eine weiterführende Frage gestellt: Wie lassen sich Lernen und Bildung bezogen auf die Herausforderung, systemisch kompetent zu werden, genauer analysieren und auch konstruktiv gestalten, unterstellt, dass angehende Systemiker und Systemikerinnen jeweils ganz unterschiedliche und einzigartige Persönlichkeiten sind und, dem Gebot der systemischen Vielfalt folgend, auch bleiben sollen?

Die systemische Beratung

3 Wissen, wie systemische Fachlichkeit entsteht: Subjektorientierte Professionalisierung

Die Frage, wie man die Vielfalt in den Lern- und Bildungsprozessen von Lernern und Lernerinnen und ihrer systemisch Lehrenden erfassen kann, lässt sich an einem weiteren Fallbeispiel illustrieren.

Fallvignette 2: Julians lose Fäden in der Mitte der Weiterbildung
Julian, 29 Jahre alt, ist Psychologe und arbeitet in einer Aids-Beratungsstelle in einer deutschen Großstadt. Auf dieser Arbeitsstelle ist er seit seinem Studium, das nun drei Jahre zurückliegt, tätig. Julian befindet sich am Ende des ersten Jahres seiner Weiterbildung zum systemischen Berater. Sein Institut hat er sorgfältig ausgesucht und ist dort sehr zufrieden. In seiner Ausbildungsgruppe fühlt er sich gut aufgehoben. Mit großem Engagement hat er bisher die einzelnen Weiterbildungsteile absolviert. Dazu gehören die Theorie- und Handlungsmethodenseminare, die Rekonstruktion und Befassung mit seiner eigenen Herkunftsfamilie, Supervision in unterschiedlichen Formaten (Live-Sitzungen sowie klassische Fallsupervision) sowie ein Anteil recht frei gestaltbarer Peergruppenarbeit in einer festen Gruppe, in der ein vertiefendes Literaturstudium und Diskussionen stattfinden. Seine bisherigen Erfahrungen in der Arbeit und in der Weiterbildung haben ihn darin bestärkt, dass die Entscheidung für eine systemische Weiterbildung die richtige war: In prototypischen Handlungssituationen, z. B. bei der Auftragsklärung in Erstgesprächen oder der Entwicklung und Auswertung systemischer Interven-

tionen hat er Selbstsicherheit und Zufriedenheit mit seinen eigenen Lernfortschritten erlangt und fühlt sich wohl mit dem vermittelten Rüstzeug, das ihm Handlungssicherheit gibt und das er – allerdings auf eher schwer begründbare Weise – als passend für sich und seine Vorstellungen von Professionalität empfindet. Seine Fragen in der Reflexion zu seinem Professionalisierungsprozess haben aus diesem Grund eine deutlich andere Qualität als die Aspekte in Lauras Lernfall. Julian würde sein Lernen gerne konstruktiver, und damit meint er zielgerichteter, gestalten. Was ihn dabei besonders interessiert, ist, wie er die vielen »losen Fäden« aus den unterschiedlichen Wissensquellen verbinden und eher assoziative Querverbindungen in seiner Wissensbasis ausbauen kann. Beispielsweise hat er die Erfahrungen, die er zu sich in der Rekonstruktion seiner eigenen Familie gemacht hat, noch nicht konsequent auf seine Beratungsarbeit beziehen können. Hier überlagern sich einige Punkte in einem ihm noch verschlossenen Muster: Beispielsweise hat sein Vater in Julians Kindheit längere Zeit ein depressives Verhalten gezeigt mit der Folge, sich sehr zurückzuziehen und bezüglich der emotionalen Erreichbarkeit für die Familie eher unberechenbar zu sein. In den Supervisionen ist ihm hingegen aufgefallen, dass er mit depressivem Verhalten bei Klienten und Klientinnen am meisten Mühe hat – oft wird er hier ärgerlich und ungeduldig und erscheint seinem Gegenüber weniger hilfreich als gewöhnlich. Die Idee, diese verschiedenen Eindrücke und Wissensformen zu einer Lernaufgabe zu bündeln, kam ihm schließlich in einem Seminar der Weiterbildung, in dem aktuelle Ergebnisse der Bindungsforschung mit Fokus auf Erwachsene und in Bezug zu allgemeinen Konzepten wie dem der beruflichen Selbstwirksamkeit vermittelt wurden. Solchen an vielen weiteren Stellen auftauchenden Querverbindungen würde Julian in seiner aktuellen Lernsituation also gerne mehr und gezielter nachgehen. Er hat bisher aber noch kein passendes Medium dafür gefunden, von dem ausgehend er geeignete Lernwege und Lernorte für dieses Vorhaben identifizieren könnte.

Ausgehend von Julians Fallvignette wird der zweite Schritt, der auf dem im vorherigen Kapitel dargestellten Systemischen Wirkfaktorenmodell aufbaut, schon etwas deutlicher: Er zeigt sich als spezieller Fall eines Konkretisierungserfordernisses, das aus der allgemeinen Bildungstheorie sehr gut bekannt ist. Es geht bei jedem Lernen nämlich darum, den Lernern und Lernerinnen die Sache zu erschließen und gleichzeitig zu berücksichtigen, dass damit die Lerner und Lernerinnen selbst für die Sache erst erschlossen werden – ein sehr wichtiger Punkt, den der Bildungstheoretiker Wolfgang Klafki als wechselseitige Erschließung bezeichnet. Er kann für Professionalisierungsprozesse, in denen es um die Aneignung von Gegenständen geht, die einen starken rückbezüglichen Einfluss auf die Lernenden selbst haben, nicht oft genug betont werden (Weinhardt, 2017a). Genau in der Mitte dieser wechselseitigen Erschließungsprozesse lassen sich dann Entwicklungsaufgaben festmachen, die Lerner und Lernerinnen bewältigen müssen, um die nächste Etappe der Professionalisierung angehen zu können. Dies bedeutet also in einer sehr radikalen Form, dass man von standardisiert gedachten Lernwegen absieht, in denen alle das Gleiche und zur selben Zeit lernen. Es geht vielmehr um eine Lerngestaltung, in der zwar die Ziele (kompetent Handeln entlang des Systemischen Wirkfaktorenmodells) bekannt, die Wege aber für jede und jeden neu erschlossen werden müssen. Das bedeutet nun aber gerade nicht, dass Strukturen, in denen Lernen und Bildung stattfinden, aufgelöst werden. Vielmehr geht es darum, dass Lernende und Lehrende einen möglichst gut beschreib- und begründbaren Weg finden, Strukturen und die darin lernenden Subjekte konstruktiv zu verbinden. Erst wenn dies gelingt, kann man, wie der Bildungstheoretiker Marotzki (1990) dies auf der systemischen Grundlage des Kybernetikers Gregory Bateson (1983) formuliert, von Bildung sprechen: Nämlich dann, wenn so viel Lernen stattfindet, dass Lernende sich selbst in einem Phasenübergang verändern – Prozesse und Situationen, die uns allen im Alltag beispielsweise als Aha- oder eben Bildungserlebnisse in unterschiedlichen Formen bekannt sind. Darin eingelagert ist also auch die schon mehrfach angesprochene Tatsache, dass sich Professionalisierung entwickeln muss, dass sie also ein Prozess ist, der Zeit braucht und auf gewisse Art und Weise im Versuch, anderen hilfreich sein zu wollen, immer wieder vor allem auf sich selbst zurückführt. Systemische Professionalität kann also nur dann entstehen, wenn Lerner und Lernerinnen diese aktive Auseinandersetzung mit dem Gegenstand systemische Beratung suchen, dabei wissen, was sie wissen wollen, und so in einen Lernmodus eintreten, der sich Deliberate Practice (Ericsson, Krampe u. Tesch-Römer, 1993; Ericsson, 2005; Rousmaniere, Goodyear, Miller u. Wampold, 2017) nennt und auf dieses Kapitel folgend noch genauer behandelt wird.

Ein Modell subjektorientierter Professionalisierung

Wie kann nun ein systematisches Herausarbeiten fachlicher Entwicklungsaufgaben auf der Basis des Systemischen Wirkfaktorenmodells aussehen? Abbildung 2 (S. 50) liefert hierzu ein Modell subjektorientierter Professionalisierung (Weinhardt, 2017c), das sich sowohl auf das breite Korpus allgemeiner Bildungstheorie stützt (Bauer et al., 2017), von diesem ausgehend aber nicht auf eine allgemeine Bildung, sondern auf die spezifischen Aufgaben von Professionalisierung als besondere Akzentuierung beruflicher Bildung abstellt. Das Modell kann und muss von beiden Seiten gelesen werden, die Darstellung mit der Struktursseite links und der Subjektseite rechts ist also willkürlich und lediglich an bisherigen Veröffentlichungen ausgerichtet. Für die Strukturierung von Lern- und Bildungsprozessen ist dieses

Modell ein Leitfaden, um (a) zunächst die Eingangsvoraussetzungen auf der Subjektseite, (b) die Eingangsvoraussetzungen auf der Strukturseite zu bestimmen und in Auseinandersetzung mit den Zielvorgaben des Lerngegenstandes (hier dem Systemischen Wirkfaktorenmodell) Entwicklungsaufgaben zu beschreiben, die dann konkret in Angriff genommen werden können. Erinnert sei aber auch bei dieser Landkarte des Lernens und der Bildung, dass sie nicht die Landschaft ist – was auch die nicht abgeschlossenen Auflistungen auf der Subjekt- und Strukturseite verdeutlichen.

Ähnlich wie beim Systemischen Wirkfaktorenmodell sind die vermerkten Punkte nicht nur entsprechend dem Korpus systemischer Professionalisierungsforschung ausgewählt, die wie die übrige Lehr-Lern-Forschung in Beratung und Therapie erst an ihrem Anfang steht. Vielmehr sind sie der breiten Wissensbasis der allgemeinen Professionalisierungstheorie entnommen.

Individuelle Voraussetzungen

Auf der Seite der Lerner und Lernerinnen steht hier zunächst einmal die genaue Erfassung von Vorwissen, Vorerfahrung, Berufswahlmotiven, Selbstwirksamkeitsüberzeugungen sowie den epistemischen Überzeugungen zu beraterisch-therapeutischem Handeln – fallweise ergänzt mit weiteren relevanten Informationen (beispielsweise vorhandene chronische Erkrankungen, eine Behinderung oder auch akute Einflüsse wie kritische Lebensereignisse, die zum Zeitpunkt der Reflexion des Lernens relevant sind). Für die Erfassung dieser Einflussfaktoren stehen aus der Erwachsenenbildung zahlreiche Instrumente bereit, beispielsweise in Form von Portfolioaufgaben in Einzelarbeit, Tests und Fragebogen sowie Paar- und Kleingruppenübungen, die bei etwas kreativem Mut von systemisch Lehrenden auch gut in Angebote der Fort- und Weiterbildung integriert werden können. Obwohl die detaillierte Erfassung individueller Vorausset-

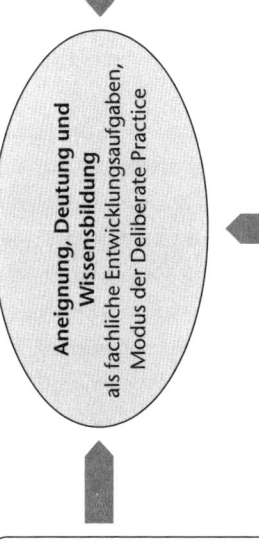

Abbildung 2: Modell subjektorientierter Professionalisierung

zungen zunächst einfach klingt, ist sie doch einer der am häufigsten übergangenen Schritte in der Reflexion und Strukturierung von Lern- und Bildungsprozessen. Beispielsweise ist aus der Expertiseforschung sehr gut bekannt, dass Vorwissen und Vorerfahrung eine immense Rolle für das Lernen spielen (Strasser, 2006; Strasser u. Gruber, 2003, 2015), obwohl die meisten strukturierten Lernangebote unterstellen, dass alle Lernenden von einer ähnlichen Position aus starten. Lauras Fallvignette hat, ganz gemäß den Ergebnissen aus der Forschung zum Beratungskompetenzerwerb (Blessing, 2015; Lauinger, 2015; Harter, 2015; Weinhardt, 2015), gezeigt, wie stark vor allem in berufsbiografisch frühen Stadien Wissen und Erfahrung auseinanderliegen können.

Ähnlich verhält es sich mit den Berufswahlmotiven. Dem gängigen und vagen Slogan »irgendwas mit Menschen« folgend, bleibt in vielen Professionalisierungsprozessen offen, weshalb genau der Beruf des Beraters bzw. der Beraterin ergriffen werden soll. Dabei ist es aus einer etwas distanzierten Sicht eine spannende Frage, weshalb man einen Großteil seines Arbeitslebens mit den biografischen Fragen, Problemen und Abgründen fremder Personen zubringen möchte. Auch hier ist aus der Forschung erwiesen, dass viele prototypische Fragen und Probleme, die sich erst in echten Handlungssituationen zeigen, auf solche vorbewussten Berufswahlmotive zurückgehen. In diesen Motiven ist beispielsweise das Helfenwollen bis hin zu ausgeprägtem, in vielen sozialen Berufen zu findendem missionarischem Eifer noch nicht reflektiert und gerade aus diesem Grund entstehen systematische Probleme – wie in Lauras Fall durch die ungewollte Übernahme der normierenden und disziplinierenden Perspektive der Eltern (Bauer, 2014). Es ist zudem erwiesen, dass diese Effekte, wenn sie nicht thematisiert und reflektiert werden, Professionalisierungsangebote verpuffen lassen (Thole u. Küster-Schapfl, 1997; Becker-Lenz, Busse, Ehlert u. Müller-Hermann, 2013).

Ein weiterer wichtiger Faktor ist das Selbstwirksamkeitserleben, das seit mehreren Dekaden als gewichtiger Einfluss auf berufliches Handeln gewertet wird und für das bewährte Erfassungsmöglichkeiten (Schwarzer u. Jerusalem, 2002) vorhanden sind. Das Konzept des Selbstwirksamkeitserlebens betont dabei die Bedeutung eigener innerer Überzeugungen, mit schwierigen Handlungssituationen zurechtzukommen und konstruktiven Einfluss auf die Welt nehmen zu können – enge Zusammenhänge mit dem Erfolg in (Weiter-)Bildung und beruflichem Handeln sind zahlreich belegt.

Als letzten Einflussfaktor schlägt das Modell die Berücksichtigung der sogenannten epistemischen Überzeugungen zu beraterisch-therapeutischem Handeln vor. Epistemische Überzeugungen sind jene Überzeugungen, die Menschen nutzen, um den Erwerb und die Prüfung von Wissen einzuordnen. Ein gängiges Beispiel für eine epistemische Überzeugung in der Professionalisierung psychosozialer Fachkräfte ist beispielsweise die Annahme, dass gute Berater und Beraterinnen keine Techniken und Methoden im Sinne wissenschaftlich abgesicherter Konzepte lernen sollen, da diese praxisfern und untauglich für die Ausrichtung praktischen Handelns seien und die bedeutsame naturwüchsige Intuition des Helfens verhindern würden.

Strukturelle Einflüsse

Auf der den individuellen Einflussfaktoren gegenüberliegenden Seite des Modells finden sich die strukturellen Einflüsse, die das Spannungsfeld von Lern- und Bildungsprozessen aufspannen.

Hier geht es zunächst um sehr konkrete Dinge wie die genaue Erfassung des Curriculums – insbesondere die von Verbänden bisher eher vage gehaltenen Richtlinien für die Inhalte systemischer Weiterbildungen erzeugen hier in der Praxis eine große Vielfalt an unterschiedlichen Lehrplänen und Konzepten. Konkretisieren lassen sich diese Anforderungen des Curriculums, wenn die Besonderheiten der Sozialformen berücksichtigt werden. Das Lernen im Plenum einer Großgruppe, der sehr persönliche, verbindliche Rahmen einer Kleingruppensupervision und das Erfordernis, selbst gesteuert Lernschritte zu absolvieren, stellen je sehr unterschiedliche Herausforderungen dar, da davon auszugehen ist, dass vor allem die immer jünger werdenden Fort- und Weiterbildungsteilnehmer und -teilnehmerinnen nicht automatisch mit allen Formaten bereits vertraut sind und sich sofort in ihnen wohlfühlen. Ähnlich different sind die Anforderungen hinsichtlich der Prüfungen. Das Verfassen schriftlicher Fallberichte – von großen Abschlussdokumentationen, die stellenweise den Umfang von akademischen Abschlussarbeiten haben – oder die mündliche Präsentation von Beratungsprozessen oder Theorieelementen beinhaltet abhängig vom Bekanntheitsgrad unterschiedlich große Unsicherheiten für die Lernenden. Neben diesen Strukturelementen des Weiterbildungsganges sind jedoch noch zwei weitere Einflussfaktoren bedeutsam: Die Beschaffenheit und Bedingungen der Arbeitsstelle, die für das Beratungslernen eine größere Rolle spielen als nur das rein organisatorische Ermöglichen. Sie bedingen mit ihrer spezifischen Qualität, mit welchen Fällen und Fragestellungen Lerner und Lernerinnen sich befassen können oder nicht, welche Modelle durch Kollegen und Kolleginnen zur Verfügung stehen und wie die institutionelle Inszenierung von Beratung geschieht, beispielsweise in Form von Krisenberatung, Fachberatung, einem zugehenden Konzept etc.

Und schließlich gilt es die Lebenslage der Lernenden insgesamt in die Reflexion aufzunehmen: Es stellt einen bedeutsamen Unterschied dar, an welchem Punkt des eigenen Lebenszyklus Lernende stehen, ob sie Sorgearbeit für Kinder oder zu pflegende Angehörige übernehmen, ob sie voll berufstätig sind und/oder Ehrenämter ausüben, welche Ressourcen (z. B. Zugang zu Bibliotheken und anderen eventuell hilfreichen Angeboten für das Lernen) zur Verfügung stehen etc.

Abschließend soll nach diesem Überblick noch einmal daran erinnert werden, dass diese Aufzählungen bewusst als nicht abgeschlossen gewertet werden sollen. Diese Unabgeschlossenheit gilt sowohl für die subjektive als auch für die strukturelle Seite. Fallweise können noch andere bedeutsame Faktoren erkannt und aufgenommen werden, auf die man meist automatisch stößt, wenn man das Modell nutzt.

Entwicklungserfordernisse und Lernaufgaben
Nach einer Erfassung und Bilanzierung dieser Faktoren können nun die jeweils hieraus entstehenden Entwicklungserfordernisse beschrieben und wiederum darauf aufbauen möglichst konkret als Aufgaben formuliert werden. Die Leitfragen sind dabei immer: Wo bin ich schon systemisch, gemessen am Systemischen Wirkfaktorenmodell, und wo möchte und muss ich mich wie verbessern? Welche Punkte in meiner eigenen Professionalisierung sind mir derzeit unklar?

Im Beispiel von Julians Fallvignette hat die Zusammenschau des so entstehenden komplexen Bildes eine genau beschreibbare fachliche Entwicklungsaufgabe für den Umgang mit Menschen erbracht, die ein depressives Verhalten zeigen. Zusammengefasst hat Julian sich hier vorgenommen, seine Kompetenzen im Umgang mit depressivem Verhalten als nächsten Schritt (er hatte sich eigentlich andere Dinge vorgenommen) weiterzuentwickeln. Er begreift sich hierzu in einer Professionalisierungsphase, in der er sich nach eingehender Bilanzierung als fortgeschrittener Lerner mit bereits vorhandenen Kompetenzen und der zugehörigen Selbstsicherheit und Routine fühlt. Dabei verdeutlicht gerade die sich einstellende Routine und Sicherheit die kontrastierende Unsicherheit im Umgang mit niedergeschlagenem Verhalten. Im Einzelnen hat er hierzu festgelegt, …
- aktiv eine überschaubare Anzahl von Beratungserfahrungen mit Menschen mit depressivem Verhalten zu machen, die er bisher

oft unbewusst in der offenen Sprechstunde an andere Kollegen und Kolleginnen weitervermittelt hat,
- in diesen Beratungen die bisher dominierenden, stellenweise sehr direktiven Aktivierungsversuche auf der methodischen Ebene zurückzustellen, die er zunehmend als eine Reaktion auf beängstigende Erinnerungen an seinen stellenweise nur im Bett liegenden Vater begreifen konnte und deren ausbleibender Erfolg ihm die Zuversicht genommen hat, in diesen Beratungen selbstwirksam zu sein,
- die depressiven Verhaltensmuster in der Beratungsbeziehung mit der positiv reframten Idee auszuhalten, dass tiefsinniges existenzielles Nachdenken auch eine Qualität sogenannter depressiver Verstimmungen ist, die vor allem für kognitiv wendige und latent ungeduldige Menschen wie ihn eine spannende Herausforderung in der Begegnung sein kann,
- den Lernort Supervision in der Kleingruppe zur Reflexion »depressiver Musterwiederholungen« in seiner Professionalisierung zu nutzen und in diesem gesicherten Rahmen die Vorerfahrungen aus seiner Herkunftsfamilie mit depressivem Verhalten, das Sach- und Faktenwissen hierzu sowie seine bisweilen herausfordernden Beratungskontakte mit niedergeschlagenen Menschen als aktive, bisweilen widersprüchliche Auseinandersetzung mit dem Thema zu begreifen.

Auch an dieser Stelle sei noch einmal daran erinnert, dass eine solche Zusammenfassung einer Entwicklungsaufgabe eine häufig unterkomplexe Abbildung von Lern- und Bildungsprozessen ist. Der Nutzwert des Modells der subjektorientierten Professionalisierung liegt deshalb auch nicht nur in der Darstellung dieser Aufgaben (deren Fixierung in einem selbst erstellen Beratungsportfolio aber auch ihren ganz eigenen Reiz hat), sondern vor allem auf dem auf Kompetenzentfaltung gerichteten Reflexions- und Bilanzierungsprozess in der Erstellung dieser Entwicklungsaufgaben.

Die hier knapp wiedergegebene Beschreibung von Julians Entwicklungsaufgabe markiert innerhalb des Konzeptes des vorliegenden Buches – neben der Bestimmung übergreifender Wirkfaktoren – den zweiten wichtigen Schritt des kompetenzorientierten Beratungslernens und damit sicherlich auch einen Meilenstein in der Kompetenzentwicklung von Julian. Von diesem ausgehend kann er nun ein weiteres Stück gut bestimmbaren Weges auf seinem Lern- und Bildungsweg gehen. In seiner Aufgabe enthalten ist dabei auch, dass er Supervision als einen besonders relevanten Lernort einbezieht, an dem er bezogen auf seine Beratungserfahrungen mit depressivem Verhalten verschiedene Wissensformen und Einflussfaktoren bündelnd für sich nutzen kann. Von diesem konkreten Lernort Supervision nun wieder absehend, gilt es im letzten Kapitel, auf einen übergreifenden Lernmodus einzugehen, in den Lerner und Lernerinnen sich möglichst oft begeben sollten, idealerweise in einer permanenten, von Neugierde auf das eigene Weiterkommen angetriebenen Haltung.

4 Gezielt und mit Begeisterung Wissen bilden: Deliberate Practice

Dieser Modus von Lernen und Bildung wird als Deliberate Practice bezeichnet und beschreibt eine Theorie, mit der man das Lernen von sehr erfolgreich gewordenen Fachkräften beschreiben kann. Auch dieser Fachbegriff stammt nicht aus der systemischen oder der allgemeinen Beratungs- und Therapieforschung, sondern ist ebenfalls dem allgemeinen Korpus abgesicherten allgemeinen Wissens zu Lernen und Lehren entnommen. Die Lernform Deliberate Practice findet erst seit kurzer Zeit Eingang in die Diskussionen um Beratungs- und Therapieliteratur (Rousmaniere et al., 2017). Es gibt zwar eine lange Forschungstradition hierzu, diese wurde allerdings bisher nicht für Beratung und Therapie nutzbar gemacht. Entlang sehr unterschiedlicher komplexer Tätigkeiten haben diese Studien bewiesen, dass Höchstleisterinnen und Höchstleister sich nahezu permanent in diesem fast vollkommen selbstgesteuerten Lernmodus befinden – gleichgültig ob es Konzertmusiker, Sportler, Schachspieler, Architekten, Chirurgen oder Jetpiloten sind. Dieses neue und sehr starke Interesse an Deliberate Practice liegt darin begründet, dass in der bisherigen Beschäftigung mit Erfolgsfaktoren in Beratung und Therapie der Fokus zu sehr auf dem Prozess, den Techniken und Methoden sowie den Klienten und Klientinnen mit ihren Fragestellungen lag. Mit zunehmendem Wissen über das, was wirkt, lassen sich nun nicht mehr – wie im ersten Kapitel dargestellt – die allgemeinen Wirkfaktoren dessen, was Berater und Beraterinnen mit ihren Klienten und Klientinnen tun, sehr gut beschreiben, sondern es wird immer deutlicher, dass die Kompetenzentwicklung von Beratungs- und Therapiefachkräften bisher viel zu wenig Aufmerksamkeit erhalten hat. Unterstellt, dass es sich bei systemischer Beratung und Therapie um eine komplexe menschliche Tätigkeit handelt, wundert das erstarkende Interesse der systemischen Community an den Mechanismen der Deliberate Practice nicht mehr, denn diese Theorie- und Forschungsrichtung kann Auskunft darüber geben, wie die Lernwege zu hohen Leistungen in komplexen Tätigkeiten idealerweise beschaffen sind.

Bestandteile von Deliberate Practice
Deliberate Practice als Lernform beinhaltet zwei wesentliche Elemente: Eine bestimmte motivationale Grundorientierung bezüglich des eigenen Lern- und Bildungsweges sowie die extrem zweckgerichtete Verzahnung der drei Bildungsbestandteile Wissenserwerb, Erfahrung und Reflexion. Diese drei Begriffe sind dabei jeweils abstrakt gemeint und gerade nicht an bestimmte Lernorte und Medien gebunden: Wissenserwerb kann beispielsweise in Seminaren, durch Lektüre und Diskussionen stattfinden. Gemeint ist also im Wesentlichen der Erwerb von notwendigem systemischen Fakten- und Orientierungswissen, z. B. über geschichtliche Entwicklungen, Interventionsformen, rechtliche und ethische Aspekte etc. Ebenso verhält es sich mit dem Sammeln von Beratungserfahrungen, das nicht nur an der Arbeitsstelle geschieht, sondern z. B. auch in Übungen mit sich und anderen im geschützten komplexitätsreduzierten Rahmen der Fort- und Weiterbildung. Mit Reflexion schließlich sind all diejenigen Denktätigkeiten gemeint, die Wissen und Erfahrung zueinander in Bezug setzen und häufig erst dazu führen, dass aus einem bloßen, möglicherweise interessanten oder aufregenden Erlebnis tatsächlich auch eine Erfahrung wird, die schließlich – zunehmend systemati-

siert und in Bezug zu anderen Erfahrungen gesetzt – zur Herausbildung einer Wissensbasis führt, die Fachleute eines bestimmten Gebietes von Laien unterscheidet. Gerade die Lösung der drei Elemente von der vorschnellen Bindung an einzelne Lernorte und Medien machen den subjektiven Charakter von Professionalisierungsprozessen aus, denn manche Lerner und Lernerinnen erwerben Wissen gut in der klassischen Vortragsform, während andere von der gemeinsamen Lektüre eines relevanten Fachbuches mit Kollegen und Kolleginnen an der Arbeitsstelle profitieren. Möglichst viele Lernorte für je individuelle Kombinationen aus Wissenserwerb, Erfahrung und Reflexion offenzuhalten, ist dabei auch ein Appell an die systemisch Lehrenden – ein häufig bestehendes Missverständnis ist beispielsweise, dass am Lernort Supervision fast ausschließlich reflektiert wird. Dabei wird vergessen, dass gerade Anfänger und Anfängerinnen, aber auch weiter fortgeschrittene Lerner und Lernerinnen über Reflexionsprobleme auch auf Wissenslücken stoßen können, die eine gute Supervisionsfachkraft sinnvollerweise als konstruktive Lerngelegenheit identifiziert und nutzt. Für das vorliegende Buch ist es aus diesen Gründen eine hilfreiche Denkfigur, sich die Bewältigung der in den vorherigen Kapiteln entwickelten fachlichen Entwicklungsaufgaben, die gerade aus der Verzahnung aller subjektiven und strukturellen Eingangsvoraussetzungen entstehen, im Modus der Deliberate Practice zu verinnerlichen.

Fallvignette 3: Hat Franka schon alles erreicht?
Franka ist 33 Jahre alt, Sozialpädagogin und seit vier Jahren zertifizierte systemische Beraterin. Sie arbeitet neben ihrer Beschäftigung in einer Jugendwohngruppe eineinhalb Tage je Woche in einer eigenen systemischen Praxis, wo sie Einzel-, Paar- und Familienberatung anbietet. In der mittelgroßen Stadt, in der sie wohnt und ihre Praxis angesiedelt hat, sind aufgrund ihres Hauptberufes in der Jugendhilfe

gute Vernetzungsstrukturen entstanden. Jugendamt und Familien, mit denen sie im Kontext der Hilfen zur Erziehung in ihrem Hauptberuf zu tun hatte, nutzen den vertrauensvollen Kontakt zu ihr und buchen hin und wieder systemische Gespräche in ihrer Praxis. So hat sich für ihre selbstständige Arbeit seit Längerem eine Stammzielgruppe herausgebildet, die häufig Paar- und Familienberatung nach oder vor einer Hilfe zur Erziehung nachsucht. Von Kolleginnen und Kollegen befragt, antwortet Franka oft halb im Scherz, ihre Praxis sei ein informelles systemisches Jugendamt, das im Idealfall Hilfen zur Erziehung im Sinne der Familien verhindern kann. Das Vertrauen und die Zufriedenheit der meisten ihrer Klienten und Klientinnen machen Franka zufrieden. Immer wieder ertappt sie sich allerdings in Reflexionen allein, in der kollegialen Beratung und der Fallsupervision für ihre Praxisfälle bei dem vagen Gedanken, dass das »irgendwie nicht alles gewesen sein kann« mit dem systemischen Arbeiten. Mehrere Versuche, sich andere Zielgruppen und Fragestellungen zu erschließen, um das aus ihrer Sicht eher einseitige Praxisportfolio etwas bunter und herausfordernder zu gestalten, sind im Sande verlaufen. Im Rahmen einer Supervision, in der die Supervisorin ihr die Frage stellt, wann sie ihren letzten deutlich bemerkbaren Beratungsfehler gemacht hat, kommt Franka ins Straucheln. Auf den Hinweis ihrer Supervisorin, dass vor allem in Zeiten, in denen vermeintliche Routine und Sicherheit bei gleichzeitigem Wunsch nach Weiterentwicklung bestehen, das gezielte Erinnern von Fehlern und Unsicherheiten Lern- und Entwicklungspotenzial freisetzen kann, wenn man diese wertschätzend für sich als solche zu begreifen lernt, beschließt sie, noch einmal aktiv neu in ihre Professionalisierung einzusteigen.

Der Hinweis von Frankas Supervisorin zielt – wenn man ihn so lesen will – genau auf die Etablierung des Lernmodus der Deliberate Practice. Worum geht es nun konkret dabei?

Motivation und Übergänge zwischen Kompetenzniveaus
Zunächst lässt sich bei allen sehr erfolgreichen Lernern und Lernerinnen übereinstimmend eine motivationale Grundhaltung finden, nämlich der Wunsch, in dem, was man tut, unbedingt weiterkommen zu wollen. Die meisten (angehenden) systemischen Fachkräfte kennen sicherlich noch die Begeisterung, die sie gespürt haben, als sie in Ausbildung, Studium oder Praxis zum ersten Mal mit dieser Beratungs- und Therapiemethode in Berührung gekommen sind und den Wunsch »Das will ich auch können, das erscheint mir hilfreich für mich und meine Klienten und Klientinnen« entwickelten. Im Modus der Deliberate Practice geht es darum, genau dieses unbändige Gefühl des Weiterkommen-Wollens dauerhaft zu erhalten und auszubauen, und zwar vor allem auch hinsichtlich unweigerlich eintretender Phasen, in denen Stagnation oder sogar Rückschritte im Lernen drohen. Das kennzeichnende Element von Lernern und Lernerinnen im Modus der Deliberate Practice ist, auch über diese bisweilen sehr stark empfundenen Widerstände hinweg weiterzumachen. Solche Phasen lassen sich auch im Beratungslernen nicht vermeiden und markieren im Übrigen – was sich meist aber erst im Nachhinein rekonstruieren lässt – einen Übergang zum nächsten Kompetenzniveau.

Für die Beschreibung dieser Kompetenzniveaus und Phasenübergänge gibt es unterschiedliche Modelle, die sich alle darin ähneln, dass das selbstgewählte Erlernen eines Gegenstandes mit einer sehr kognitiv wahrgenommenen und bisweilen emotional spürbaren Begeisterung beginnt und sich sukzessive von dort ausgehend zum Expertinnen- und Expertentum entwickelt. Die größte Gefahr besteht darin, ab einem mittleren Kompetenzniveau nicht mehr weiterzukommen bzw. die Motivation dazu zu verlieren, da sich einstellende Routinen Selbstsicherheit vermitteln und Fehler, die generell hoch effektive Lerngelegenheiten darstellen (Strasser, 2014), aus der eigenen Einflusssphäre herausgerechnet und den Umständen, den Klienten und Klientinnen oder einfach dem Pech zugerechnet werden. Das Fünf-Stufen-Modell von Dreyfus und Dreyfus (Dreyfus, 2004; Dreyfus u. Dreyfus, 1980) ist sehr verbreitet, um diese Stufen und Phasenübergänge mit einer vertretbaren Vereinfachung der Komplexität von Lernprozessen gut zu beschreiben. So lassen sich die Ebenen

– Anfänger und Anfängerinnen,
– fortgeschrittene Anfänger und Anfängerinnen,
– beginnend fachliche Kompetente,
– Erfahrene und
– Expertinnen und Experten

unterscheiden, wobei der Weg über alle Stufen mit etwa acht bis zehn Jahren bzw. 10 000 Stunden Lernzeit veranschlagt wird – aber eben nur, wenn diese Zeit auch konstruktiv im Modus der Deliberate Practice genutzt wird. Auf jedem Kompetenzniveau spielen dabei die drei Elemente Erfahrung, Wissenserwerb und Reflexion eine unterschiedliche Rolle und setzen sich zu einer unterschiedlichen Mischung zusammen. Dies lässt sich für die meisten Lernerinnen und Lerner auch nachträglich gut zeigen, wenn die fachlichen Entwicklungsaufgaben zeitlich geordnet hintereinander betrachtet werden.

Phasen der Kompetenzentwicklung

Dann offenbart sich meist der – trotz aller subjektiven Unterschiede im Einzelfall – generelle Weg, dass Anfänger und Anfängerinnen zunächst vorwiegend Theorieinput benötigen. Dieser muss aber rasch mit ersten Erfahrungen konfrontiert werden, die idealerweise in einem abgesicherten Feld gemacht werden. Dabei sollte die zeitnah einsetzende Reflexion die Sphären von kognitivem Wissen und erfahrener Beratungsrealität verbinden, die häufig als einander widersprechend erlebt werden.

Fortgeschrittene Anfänger und Anfängerinnen nutzen dann die Erfahrungen nicht mehr nur, um Handlungssicherheit und erste Einblicke in die neue Tätigkeit zu erlangen, sondern beginnen erste Routinen und Selbstsicherheit auszubilden, die schließlich zum Niveau der fachlichen Kompetenz führen, auf dem nicht allzu schwere Anforderungen bereits selbstständig gemeistert werden können. Dies sind in der systemischen Beratung beispielsweise Gespräche und Prozesse, in denen genügend Wissen und Erfahrung mit den vorliegenden Fragen vorhanden ist, sodass keine allzu unerwarteten Situationen entstehen und abgefangen werden müssen.

Daran schließt sich dann die Phase der Erfahrung an. Hier treten in der Beratung vor allem neue beraterische Fragestellungen, vom bekannten abweichende Konstellationen und Settings etc. auf und werden in die zunehmend vergrößerte Erfahrungsbasis integriert. Vor allem für diese Phase ist weiterhin kennzeichnend, dass die in den ersten Phasen getrennt erlebten Sphären des Theoriewissens und des Erfahrungswissens sich zunehmend vereinigen. Das führt unter anderem dazu, dass Berater und Beraterinnen den deutlichen Eindruck haben, mehr zu wissen, als sie auszudrücken vermögen, da ein Teil des Wissens in so komplexer Form verinnerlicht ist, dass es einer sprachlichen Widergabe dauerhaft entzogen ist. Dieser Umstand erzeugt im Übrigen auch für lehrende Fachkräfte ein immenses didaktisches Problem, da viele Tätigkeiten, Techniken und Methoden ab diesem Kompetenzniveau nur noch durch Zeigen und zunehmend selbstständige Aneignung vermittelbar sind. Der Berufspädagoge Neuweg (2015) spricht in diesem Zusammenhang vom Schweigen der Könner.

In der letzten Stufe, der Expertise, ist diese Amalgamierung von Theoriewissen und Erfahrungswissen so weit fortgeschritten, dass bei den auf dieser Stufe tätigen Fachkräften beim Zusehen die schwer beschreibbare Leichtigkeit des Tuns auch in herausfordernden Situationen beobachtbar wird. Für das Erreichen und Behalten dieser Kompetenzstufe sind die bereits erwähnten Probleme der Versprachlichung und Zugänglichmachung so hoch verdichteten Wissens ständige Herausforderungen.

Mastery-Learning bzw. Cognitive Apprenticeship
Bildungsforscher sprechen deshalb auch bei den Übergängen in die höheren Kompetenzstufen vom Mastery-Learning bzw. von Cognitive Apprenticeship (Collins, Brown u. Newman, 1987), also dem Lernen in Meister-Schüler-Beziehungen, in denen Aspekte der dynamischen, subjektorientierten Begleitung der Lernenden durch lernzielangemessenes Vor-, Mit- und Nachmachen (Modeling, Scaffolding, Fading, Coaching) eine wesentliche Rolle spielen und das in den Anfangszeiten der systemischen Beratung und Therapie aufgrund noch fehlenden Publikations- und Ausbildungswesens im Übrigen auch die überwiegende Lernform darstellte (Bauer u. Weinhardt, 2016a). Auf dem Weg der Standardisierung und Flipchartisierung systemischer Fort- und Weiterbildungen im institutionalisierten Setting der Erwachsenenbildung sind an dieser Stelle solche wichtigen Unterstützungsformen stark dezimiert worden oder ganz verschwunden, die Lehrende idealerweise in Fort- und Weiterbildung sowie Supervision in den verschiedenen Phasen zur Verfügung stellen sollten und die in der beruflichen Bildungstheorie gut beschrieben sind.

Tabelle 1 listet diese Besonderheiten und Erfordernisse für eine möglichst gelingende Deliberate Practice aufgrund dieser Besonderheiten im Kompetenzerwerb komplexer Tätigkeiten noch einmal zusammenfassend auf.

Tabelle 1: Kompetenzstufen, Deliberate Practice und Unterstützungsformen

Kompetenzstufe	Erscheinungsweisen der Deliberate Practice	Unterstützungsformen durch Lehrende
Anfänger und Anfängerinnen	**Wissenserwerb**, veranschaulichende Erfahrung, verbindende und Sicherheit schaffende Reflexion	**Modeling** (Wissensvermittlung und Demonstration)
fortgeschrittene Anfänger und Anfängerinnen	systematische **Sammlung von Erfahrungen**, reflexive Rückbindung an bereits vorhandenes Grundlagenwissen	**Scaffolding** (Unterstützen bei beginnender Eigentätigkeit)
fachlich beginnend Kompetente		**Fading** (gezieltes, dem Lernen angepasstes Verringern der Unterstützung)
Erfahrene	**reflexive Verbindung und Amalgamierung** von Erfahrung und Wissen sowie dessen **Verkörperlichung**, Formvollendung bereits hoher Leistung bei zunehmender Mühelosigkeit	**regelmäßiges Coaching** (nachgehende Reflexion)
Expertinnen und Experten		in weiten Phasen ohne Unterstützung, durch hohe Selbstrückmelde- und Beurteilungsfähigkeit punktuelles Einholen fremder Expertise

Selbstgesteuertes Lernen

Es lässt sich – folgt man der Theorie der Deliberate Practice – also schließen, dass vor allem ab der Phase der beginnenden fachlichen Kompetenz Lern- und Bildungsprozesse vermehrt einem stark selbstgesteuerten Modus folgen müssen, da in der Regel Fort- und Weiterbildungen an diesem Punkt bereits beendet sind und – wie in Frankas Fall – die Frage auftaucht, wie dann das Weiterlernen gezielt als notwendig begriffen und umgesetzt werden kann. Hier bekommt also der Begriff des lebenslangen Lernens eine prägnante Bedeutung, denn Lernende müssen sich ständig auch an bereits als bekannt vorausgesetzten Gegenständen neu herausfordern und motivieren, um nicht bei einer vermeintlich ausreichenden, mittelmäßigen Leistung stehen zu bleiben. Dieser Effekt des ungewollten Mittelmaßes ist oft ein Beiprodukt der politisch vorgegebenen, aber inhaltlich falschen Kompetenzorientierung durch Bologna und Co, gemäß der jede und jeder in absurd kurzer Zeit vermeintlich vollständige Kompetenzen erwerben soll und kann. Wie wenig solche einfach klingenden Forderungen bisher in der Beratungs- und Therapiepraxis umgesetzt werden, zeigen aktuelle Studien, die belegen, dass zwar in den Phasen des aktiven Lernens Beratungslernen gut beobachtbar und mit stellenweise beindruckenden Effekten stattfindet. Diese Phasen finden meist in strukturierten und institutionellen Settings wie der Berufsbildung, dem Studium und der Fort- und Weiterbildung statt (Weinhardt, 2016, 2017b). Im Gegenzug ist jedoch auch nachweisbar, dass ab einer Berufseinmündung und mit lediglich routinemäßig durchgeführter Beratungspraxis weitere Kompetenzsteigerungen nur noch bei wenigen Fachkräften nachweisbar sind und in der Regel sogar ein schleichender Abbau bereits erreichter Leistungsfähigkeit erfolgt (Goldberg et al., 2016).

An diesem Punkt schließt sich auch der Kreis zur bereits erwähnten Begründung des starken Interesses an Deliberate Practice als Lernform für Berater und Beraterinnen. Denn es wird angenommen, dass die überschaubare Anzahl sich stetig verbessernder Fachkräfte zu diesem Modus gefunden hat, während eine Mehrzahl kein konstruktives Weiterentwicklungspotenzial in der eigenen Praxis zu finden vermag.

Video zur Fremdbeobachtung
Franka aus Fallvignette 3 hat hierzu ein probates Mittel gefunden, das aus Praxis und Forschung bekannt ist und bisher vor allem im deutschen Raum viel zu wenig genutzt wird, und wenn überhaupt nur punktuell in Ausbildungskontexten: das Lernen mit Videofeedback aus den eigenen beraterischen Handlungen. Dies umzusetzen fiel ihr leicht, denn sie zählt sich selbst zur als medienaffin geltenden Generation Y (Hurrelmann u. Albrecht, 2014), die eigentlich viel Freude am eigenständigen, selbstgesteuerten Weiterlernen jenseits struktu-

reller Setzungen hat und die neuen Medien intensiv nutzt. Eine Actioncam, die sie bisher nur zur Aufzeichnung besonders interessanter Mountainbike-Abfahrten in Besitz hatte, hat sie seitdem in fast jeder Sitzung ihrer Praxis begleitet. Die so entstandenen Videoaufnahmen hat sie zu Beginn dieser neuen Lernphase intensiv mit ihrer Supervisorin und im Rahmen kollegialer Beratungen analysiert, sich dabei einige Hilfsmittel in Form von Einschätzungsbögen verschafft. So hat sie zunehmend in den für sie passenden Modus der Deliberate Practice gefunden, in dem vor allem die hoch impliziten, also sprachlich nicht mehr vollständig mitteilbaren Wissensbildungsprozesse eine große Rolle spielen. Der Input dieser Videoselbstbeobachtung hat dann ganz im Sinne der Deliberate Practice zu einem zielgerichtet beschleunigten Zirkel des Lernens geführt, in dem Franka aufgrund ihrer Selbstbeobachtungen in rascher Folge neue Entwicklungsaufgaben für sich definieren konnte. Bei deren Bearbeitung hat sie nochmals sowohl ein vertieftes Interesse an Theoriewissen entwickelt als auch eine permanente, ständig im Praxisalltag mitlaufende Reflexion ihres systemischen Tuns. Diesen Prozess hat sie später als vertiefte Selbstsupervision beschrieben und dazu bemerkt, dass sie aus ihrer Sicht ab diesem Zeitpunkt noch einmal ganz neu in das systemische Denken eingestiegen ist.

Lernen mit Video, das wieder abspielbare und objektive Fremdbeobachtung erlaubt, ist unendlich hilfreich und der Nutzen einer solchen strukturierten Form von Videofeedback als Ausgangspunkt selbstgesteuerten Lernens wissenschaftlich gut belegt – auch wenn viele Fachkräfte zunächst zögern, diesen Weg zu gehen, weil es selbstverständlich anfangs Überwindung kostet, sich selbst auf Video beobachten zu können. Dagegen haben die meisten Klienten und Klientinnen wenig bis keine Probleme damit, wenn Datenschutz und vor allem die Verbesserung der Beratung klar als Zweck der Videoaufnahmen kommuniziert werden.

Dass hier nur an Frankas Beispiel auf Videofeedback eingegangen wird, soll im Übrigen nicht darüber hinwegtäuschen, dass diese Form des Lernens in allen Kompetenzstufen enorm effektiv ist und dort sehr unterschiedliche Zwecke erfüllen kann. Denn schließlich – und hier schließt sich der Kreis der drei Lernfälle – haben Laura, Julian und Franka ihr eigenes Lernen in unterschiedlichen Forschungskontexten nicht nur selbstüberprüft, durch unterschiedliche kompetenzorientierte Angebote erweitert und damit allen Lernenden und Lehrenden hilfreiche Informationen zur Verfügung gestellt. Sie haben dabei auch alle von Videofeedback profitiert, das in unterschiedlichen Formen Bestandteil systemischer Lehre und Praxisforschung war.

5 Fazit

Als Verfasser eines Textes ist man am Ende vor allem immer eines: unsicher, ob das Ergebnis genügend Neuigkeitswert bietet. Diese Unsicherheit ist in diesem Fall auch dadurch verschärft, dass die Regeln zunehmend sprachlich nicht mehr vollständig mitteilbarer Expertise auch für Lehrende und Forschende gelten: Nach tausenden Stunden, die ich unter dem Fokus Beratungslernen mit Videoanalysen, Videosupervision und den zugehörigen unterschiedlichen kompetenzorientierten Lehrformaten zugebracht habe, erscheint mir Beratenlernen vollkommen einfach und gleichermaßen kompliziert.

Auch die einfach scheinenden Punkte habe ich mehrfach angesprochen, will sie aber trotzdem wiederholen: Die Sache braucht Zeit; der acht bis zehn Jahre sowie 10 000 Stunden umfassende Zeithorizont ist einer der am besten abgesicherten Befunde zum menschlichen Lernen komplexer Tätigkeiten. Das zu wissen und zu berücksichtigen – nicht im Sinne einer schmerzhaften Einschränkung, sondern als wertvolle Ressource des Geduldig-sein-Dürfens –, scheint mir wichtig in einer historischen Epoche, in der es mit dem vermeintlichen Kompetenzerwerb, dem Lernen und der Bildung gar nicht schnell genug gehen kann. Nimmt man die Sache ernst, bedeutet allein der Zeitaspekt auch: Ein realistisches Ziel ist es, während einer zwei- bis dreijährigen Fort- und Weiterbildung bis zu den mittleren Kompetenzstufen systemischer Fachlichkeit vordringen zu können.

Diese Schlussfolgerung weist nicht nur vollmundige Werbeversprechen von Weiterbildungsprogrammen in ihre Schranken, sondern verdeutlicht auch, wie wichtig der weitere Weg nach dem Ende strukturierter Ausbildungsphasen ist. Folgt man einigen der in diesem Text entfalteten Gedanken, muss dieser weitgehend von einer selbstgenerierten und aufrechterhaltenen Neugierde auf das eigene Lernen bestimmt sein. Eine solche unbändige Neugierde hat sicherlich die systemischen Urmütter und -väter umgetrieben, deren Hauptmotiv ja gerade war, etwas noch nicht vollständig Bekanntes unter Mühen und beständiger, auch vom Scheitern bedrohter Weiterentwicklung in die Welt zu bringen. Das passt nicht nur allgemein zu menschlicher Innovation, sondern zum systemischen Denken im Besonderen, das sich durch intellektuelle Vielfalt und Tiefgründigkeit einem rezeptologischen Vorgehen in der Aneignung naturwüchsig versperrt. Auch hier schließt sich ein Kreis, denn die Geschichte der Etablierung systemischen Denkens ist, auch mit der nun absehbaren sozialrechtlichen Anerkennung, eine Erfolgsgeschichte. Zur weiteren Etablierung des Verfahrens wird nun vermehrt gehören, darauf zu achten, dass systemische Fachkräfte gut ausgebildet sind, ihre eigenen Entwicklungen ernst nehmen und diese unter Dauerbeobachtung stellen können, um möglichst viel vom Pioniergeist des systemischen Denkens in einen gelingenden Alltag von Beratung und Therapie hinüberzuretten.

Ein Ziel dieses Buchs war, Lernende und Lehrende ein wenig dafür zu sensibilisieren, wie komplex Beratungslernen ist und wie groß die Vielzahl unterschiedlicher (und notwendiger) Lernprozesse wird, wenn man sich die Mühe macht, individuelle und strukturelle Voraussetzungen auf der Basis des zu Lernenden zu bilanzieren und anschließend gezielt zu nutzen. Systemisch reformuliert entstehen dann Fragen, wer was wann in welcher Form mit welcher Unterstützung lernen kann, um gut zu werden. Es wäre dem systemischen

Denken sicherlich zu wünschen, dass diese Fragen von Lernenden und Lehrenden gleichermaßen gestellt und idealerweise auch in einen Dialog über gelingende subjektive Professionalisierungsprozesse einfließen würden. Damit hätte eine, wenn auch stark komplexitätsreduzierte, Gebrauchsanweisung für die eigene Professionalisierung ihren Zweck erfüllt: Lerner und Lernerinnen zum Kundig-Sein über ihre eigene fachliche Entwicklung zu ermutigen und befähigen.

Am Ende

6 Literatur

Bateson, G. (1983). Ökologie des Geistes: anthropologische, psychologische, biologische und epistemologische Perspektiven. Frankfurt a. M.: Suhrkamp.

Bauer, P. (2014). Den Anfang gestalten. Beraterische Erstgespräche von Beratungsnovizen. In P. Bauer, M. Weinhardt (Hrsg.), Perspektiven sozialpädagogischer Beratung. Empirische Befunde und aktuelle Entwicklungen (S. 232–251). Weinheim: Beltz.

Bauer, P., Weinhardt, M. (2014). Die Entwicklung von Beratungskompetenz an der Hochschule. In S. Faas, P. Bauer, R. Treptow (Hrsg.), Kompetenz, Performanz und soziale Teilhabe: sozialpädagogische Perspektiven auf ein bildungstheoretisches Konstrukt (S. 85–101). Wiesbaden: VS Verlag.

Bauer, P., Weinhardt, M. (2015). Methodenkompetenzerwerb im Studium: Das Beispiel Beratungslernen in Simulationsumgebungen. In E. Bolay, A. Iser, M. Weinhardt (Hrsg.), Methodisch Handeln – Beiträge zu Maja Heiners Impulsen zur Professionalisierung der Sozialen Arbeit (S. 91–104). Wiesbaden: VS Verlag.

Bauer, P., Weinhardt, M. (2016a). »Ich habe noch bei Helm Stierlin gelernt«. Zur Rolle von Vorbildern beim Lernen systemischer Beratung und Therapie. In D. Rohr, A. Hummelsheim, M. Höcker (Hrsg.), Beratung lehren. Erfahrungen, Geschichten, Reflexionen aus der Praxis von 30 Lehrenden (S. 103–112). Weinheim: Beltz.

Bauer, P., Weinhardt, M. (2016b). Vermitteln einer beraterischen Grundhaltung oder: Über die Schwierigkeit, Neugier, Offenheit und Anerkennung zu lehren und zu lernen. In M. Zipperle, P. Bauer, B. Stauber, R. Treptow (Hrsg.), Vermitteln. Eine Aufgabe von Theorie und Praxis Sozialer Arbeit (S. 205–216). Wiesbaden: Springer VS Verlag.

Bauer, P., Weinhardt, M., Carfagno, K., Christ, A., Kniep, K., Thomas, M., Urban, M. (2017). Posterpräsentation ProfiL – Professionalisierung durch Beratung im Lehramtsstudium. Abschlusstagung der DFG-Forschergruppe »Analyse und Förderung effektiver Lehr-Lernprozesse«.

Tübingen. Zugriff am 07.09.2017 unter https://www.researchgate.net/publication/316687708_ProfiL_-_Professionalisierung_durch_Beratung_im_Lehramtsstudium

Becker-Lenz, R., Busse, S., Ehlert, G., Müller-Hermann, S. (2013). Professionalität in der Sozialen Arbeit. Standpunkte, Kontroversen, Perspektiven. Wiesbaden: VS Verlag.

Blessing, D. (2015). Selbsteinschätzung und Vorerfahrung: Ein Vergleich zwischen Bachelor- und Diplomstudierenden hinsichtlich des Erwerbs von Beratungskompetenz. In M. Weinhardt (Hrsg.), Psychosoziale Beratungskompetenz. Pilotstudien aus der Arbeitsstelle für Beratungsforschung (S. 104–121). Weinheim: Beltz.

Bourdieu, P. (1982). Die feinen Unterschiede. Kritik der gesellschaftlichen Urteilskraft. Frankfurt a. M.: Suhrkamp.

Collins, A., Brown, J. S., Newman, S. E. (1987). Cognitive apprenticeship. Teaching the craft of reading, writing and mathematics: technical report 403. Cambridge, MA: BBN Laboratories Inc.

Dreyfus, S. E. (2004). The Five-Stage Model of Adult Skill Acquisition. Technology & Society, 24 (3), 177–181.

Dreyfus, S. E., Dreyfus, H. L. (1980). A five-stage model of the mental activities involved in directed skill acquisition. University of California. Berkeley (DTIC Document).

Ericsson, K. A. (2005). Recent advances in expertise research. A commentary on the contributions to the special issue. Applied Cognitive Psychology, 19 (2), 233–241.

Ericsson, K. A., Krampe, R. Th., Tesch-Römer, C. (1993). The Role of Deliberate Practice in the Acquisition of Expert Performance. Psychological Review, 100 (3), 363–406.

Goldberg, S. B., Rousmaniere, T., Miller, S. D., Whipple, J., Nielsen, S. L., Hoyt, W. T., Wampold, B. E. (2016). Do Psychotherapists Improve With Time and Experience? A Longitudinal Analysis of Outcomes in a Clinical Setting. Journal of Counseling Psychology, 63 (1), 1–11.

Grawe, K., Caspar, F. (2012). Allgemeine Psychotherapie. In W. Senf, M. Broda (Hrsg.), Praxis der Psychotherapie. Ein integratives Lehrbuch (S. 33–46). Stuttgart: Thieme.

Harter, K. (2015). Lern- und Bildungsprozesse von Studierenden – eine objektiv-hermeneutische Analyse. In M. Weinhardt (Hrsg.), Psychosoziale Beratungskompetenz. Pilotstudien aus der Arbeitsstelle für Beratungsforschung (S. 42–65). Weinheim: Beltz.

Hurrelmann, K., Albrecht, E. (2014). Die heimlichen Revolutionäre. Wie die Generation Y unsere Welt verändert. Weinheim: Beltz.

Korzybski, A. (1933). Science and sanity. An introduction to non-Aristotelian systems and general semantics. Lancaster, Pa.: Science Press Printing Co.

Lambert, M. J. (2013). Bergin and Garfield's handbook of psychotherapy and behavior change. Hoboken, New York: Wiley & Sons.

Lauinger, F. (2015). Beraten lernen?! Biographisch-informelle Einflüsse auf die Lern- und Bildungsprozesse von Studierenden während Studium und Beratungspraktikum. In M. Weinhardt (Hrsg.), Psychosoziale Beratungskompetenz. Pilotstudien aus der Arbeitsstelle für Beratungsforschung (S. 18–39). Weinheim: Beltz.

Levold, T., Wirsching, M. (Hrsg.) (2014). Systemische Therapie und Beratung. Das große Lehrbuch. Heidelberg: Carl-Auer.

Luhmann, N. (1987). Soziale Systeme. Grundriss einer allgemeinen Theorie. Frankfurt a. M.: Suhrkamp.

Marotzki, W. (1990). Entwurf einer strukturalen Bildungstheorie. Biographietheoretische Auslegung von Bildungsprozessen in hochkomplexen Gesellschaften. Weinheim: Deutscher Studien Verlag.

Nestmann, F. (1988). Die alltäglichen Helfer. Theorien sozialer Unterstützung und eine Untersuchung alltäglicher Helfer aus vier Dienstleistungsberufen. München: De Gruyter.

Neuweg, G. H. (2015). Das Schweigen der Könner. Gesammelte Schriften zum impliziten Wissen. Münster: Waxmann.

Rousmaniere, T., Goodyear, R. K., Miller, S. D., Wampold, B. E. (Eds.) (2017). Cycle of Excellence. New York: Wiley & Sons.

Schlippe, A. von, Schweitzer, J. (2013). Lehrbuch der systemischen Therapie und Beratung I: Das Grundlagenwissen (2. Aufl.). Göttingen: Vandenhoeck & Ruprecht.

Schwarzer, R., Jerusalem, M. (2002). Das Konzept der Selbstwirksamkeit. Zeitschrift für Pädagogik, Beiheft 44, 28–53.

Schwing, R., Fryszer, A. (2017). Systemisches Handwerk. Werkzeug für die Praxis (8. Aufl.). Göttingen: Vandenhoeck & Ruprecht. Zugriff am 07.09.2017 unter http://dx.doi.org/10.13109/9783666453724

Shazer, S. de (1992a). Der Dreh. Überraschende Wendungen und Lösungen in der Kurzzeittherapie. Heidelberg: Carl Auer.

Shazer, S. de (1992b). Muster familientherapeutischer Kurzzeit-Therapie. Paderborn: Junfermann.

Strasser, J. (2006). Erfahrung und Wissen in der Beratung. Theoretische und empirische Analysen zum Entstehen professionellen Wissens in der Erziehungsberatung. Göttingen: Cuvillier.

Strasser, J. (2014). Reflexion von Erfahrungen und Fehlern. Eine Voraussetzung für die berufliche Wissensentwicklung von Beraterinnen und

Beratern. In P. Bauer, M. Weinhardt (Hrsg.), Perspektiven sozialpädagogischer Beratung. Empirische Befunde und aktuelle Entwicklungen (S. 196–213). Weinheim: Beltz.
Strasser, J., Gruber, H. (2003). Kompetenzerwerb in der Beratung. Eine kritische Analyse des Forschungsstands. Psychologie in Erziehung und Unterricht, 50 (4), 381–399.
Strasser, J., Gruber, H. (2015). Learning processes in the professional development of mental health counselors: knowledge restructuring and illness script formation. Advances in Health Sciences Education, 20 (2), 515–530.
Thole, W., Küster-Schapfl, E.-U. (1997). Sozialpädagogische Profis. Beruflicher Habitus, Wissen und Können von PägagogInnen in der außerschulischen Kinder- und Jugendarbeit. Oplanden: Leske und Budrich.
Wampold, B. E., Imel, Z. E. (2015). The great psychotherapy debate. The evidence for what makes psychotherapy work. New York: Routledge.
Weinhardt, M. (2013). Methodenkompetenzerwerb im Studium? – Chancen und Grenzen der Methodenausbildung an der Hochschule am Beispiel psychosozialer Beratung. Sozialmagazin, 38 (11/12), 9.
Weinhardt, M. (Hrsg.) (2015). Psychosoziale Beratungskompetenz. Pilotstudien aus der Arbeitsstelle für Beratungsforschung. Weinheim: Beltz.
Weinhardt, M. (2016). Haltung und Methode, Person und Technik: Empirische Perspektiven auf Struktur und Vermittlung von Beratungskompetenz. In P. Bauer, M. Weinhardt (Hrsg.), Professionalisierungs- und Kompetenzentwicklungsprozesse in der sozialpädagogischen Beratung (S. 75–91). Baltmannsweiler: Schneider Verlag Hohengehren.
Weinhardt, M. (2017a). Subjektorientierte Professionalisierung, Lebenslanges Lernen und der EQR/DQR in der Systemischen Fort- und Weiterbildung. Kontext, 47 (3), 262–27.
Weinhardt, M. (2017b) Wer diagnostiziert die Diagnostiker? International Systemic Research Conference. Universität Heidelberg. Schweitzer, Jochen, Ochs, Matthias. Heidelberg, 2017. Zugriff am 07.09.2017 unter https://www.researchgate.net/publication/317155492_Wer_diagnostiziert_die_Diagnostiker
Weinhardt, M. (2018). Beraten. In G. Graßhoff, A. Renker, W. Schröer (Hrsg.), Soziale Arbeit. Eine elementare Einführung (S. 475–499). Wiesbaden: VS Verlag.
Welter-Enderlin, R., Hildenbrand, B. (2004). Systemische Therapie als Begegnung. Stuttgart: Klett-Cotta.

7 Der Autor

Dr. Marc Weinhardt, Jahrgang 1973, Diplom-Sozialpädagoge, Diplom-Pädagoge, systemischer Familientherapeut, ist Professor für Psychosoziale Beratung an der Evangelischen Hochschule Darmstadt. Er hat zum Thema »Beratung im Internet« promoviert und in Hilfen zur Erziehung und in der Beratung gearbeitet. Seine Forschungsthemen sind subjektorientierte Professionalisierung, Beratung, Digitalisierung in der Sozialen Arbeit sowie Lehren, lernen und forschen mit Simulation. Er ist Mitglied der DGSF, DGfE, DGOB und im Vorstand der DGfB.